Certificação LPI-1

101 – 102

Certificação LPI-1

101 – 102

Luciano Antonio Siqueira

5ª edição

ALTA BOOKS
EDITORA
Rio de Janeiro, 2015

Certificação Linux LPI-1, 5ª Edição

ISBN: 978-85-7608-949-0

Impresso no Brasil — 5ª edição revista e atualizada conforme Acordo Ortográfico da Língua Portuguesa de 2009.

Revisão
Aileen Nakamura

Projeto Gráfico e Diagramação
Paola Viveiros

Capa
Paola Viveiros

Erratas e arquivos de apoio: No site da editora relatamos, com a devida correção, qualquer erro encontrado em nossos livros, bem como disponibilizamos arquivos de apoio se aplicáveis à obra em questão.

Acesse o site www.altabooks.com.br e procure pelo título do livro desejado para ter acesso às erratas, aos arquivos de apoio e/ou a outros conteúdos aplicáveis à obra.

Suporte Técnico: A obra é comercializada na forma em que está, sem direito a suporte técnico ou orientação pessoal/exclusiva ao leitor.

Dados Internacionais de Catalogação na Publicação (CIP)

S618c Siqueira, Luciano Antonio.
Certificação LP1-1 101-102 / Luciano Antonio Siqueira. – 5. ed. – Rio de Janeiro, RJ : Alta Books, 2015.
264 p. : il. ; 23 cm – (Coleção Linux Pro)

Inclui apêndice.
ISBN 978-85-7608-949-0

1. Linux (Sistema operacional de computador) - Certificados e licenças. 2. Linux (Sistema operacional de computador) - Configurações. I. Título. II. Série.

CDU 004.451.9LINUX
CDD 005.432

Índice para catálogo sistemático:
1. Sistemas operacionais específicos : Linux 004.451.9LINUX

(Bibliotecária responsável: Sabrina Leal Araujo – CRB 10/1507)

ALTA BOOKS EDITORA
Rua Viúva Cláudio, 291 – Bairro Industrial do Jacaré
CEP: 20970-031 – Rio de Janeiro
Tels.: 21 3278-8069/8419 Fax: 21 3277-1253
www.altabooks.com.br – e-mail: altabooks@altabooks.com.br
www.facebook.com/altabooks – www.twitter.com/alta_books

Run, rabbit run.
Dig that hole, forget the sun,
and when at last the work is done.
Don't sit down it's time to dig another one.

Breathe

(Waters, Gilmour, Wright)

Corra, coelho. / Cave um buraco, esqueça o sol, /
E quando o trabalho finalmente acabar / Não descanse, é hora de cavar outro.

Sumário

Prefácio

O Linux já representa, hoje, um mercado anual de mais de 18 bilhões de dólares e, de acordo com especialistas, deve atingir um patamar superior a 50 bilhões em menos de três anos. Além disso, cerca de 50% dos departamentos de TI das empresas já usam Linux e Open Source em suas áreas mais importantes.

Como consequência, a demanda por profissionais qualificados e certificados em Linux deve crescer e muito no mercado corporativo. E é focando nessa necessidade que o autor Luciano Siqueira, a Linux New Media e o Senac, na figura do Daniel Guedes, viabilizaram este projeto de produzir uma obra completa, abrangente e, ao mesmo tempo, legível. Este livro oferece todas as condições para que um profissional ou estudante se prepare para as provas de certificação LPI, a qual, além de ser a mais importante certificação profissional em Linux, é neutra e completamente independente de qualquer distribuição Linux.

O LPI certifica profissionais de Linux em 3 níveis: LPIC-1, LPIC-2 e LPIC-3, cada uma com duas provas. No momento do lançamento deste livro, o LPI conta com cerca de 40.000 profissionais certificados no mundo todo, e o Brasil participa com cerca de 5 a 6% deste total. Em nosso país, a certificação profissional está crescendo e ganhando corpo à medida que as empresas estão percebendo tal importância nos processos de recrutamento, seleção e promoção. Os empregados já sentem que a certificação profissional aumenta a empregabilidade e, consequentemente, o reconhecimento profissional.

O treinamento e a certificação profissional em Linux são essenciais para o desenvolvimento de profissionais, assim como para a alimentação do ecossistema Linux, e esta obra, por meio de seu autor e editores, executará um papel-chave neste sentido. De minha parte, fico muito feliz com esta iniciativa e convido a todos para que façam uso e desfrutem deste material extremamente bem escrito, completo e de fácil leitura que o Luciano foi capaz de desenvolver.

Parabéns a todos os envolvidos.

José Carlos Gouveia

José Carlos Gouveia é Diretor Geral do Linux Professional Institute – LPI – da América Latina. Anteriormente, trabalhou por cinco anos para a SGI – Silicon Graphics – como Diretor Geral da América Latina, foi diretor geral da Novell, Platinum Technology, PeopleSoft e JDEdwards, diretor da Anderson Consulting (Accenture) e da Dun&Bradstreet Software e gerente da EDS. Gouveia é formado em Ciência da Computação pela Unicamp, com pós-graduação pela Unicamp e pela PUC-RJ.

Introdução à quinta edição

Os exames para certificação LPIC-1 foram atualizados para a **versão 4.0** em 2015 e essa nova edição do livro acompanha a atualização. Como em outras atualizações, não houveram mudanças drásticas em relação às versões anteriores, mas ajustes pontuais em cada um dos tópicos abordados nos exames.

As ferramentas tradicionais de linha de comando continuam tendo grande peso para a LPIC-1, mas novas tecnologias também têm ganhado atenção. O sistema *init SysV*, por exemplo, continua tendo grande importância mas divide espaço com seu concorrente, o *systemd*, que embora já abordado em versões anteriores, ganhou mais destaque na versão atual.

Outros pontos que não viam novidades há anos são o particionamento de discos e os gerenciadores de login gráficos. No primeiro, foi incluído o esquema de partições GPT e ferramentas relacionadas, como o comando *gdisk*. No segundo, foi incluído o popular *LightDM*, que não é estranho para os usuários/administradores atentos às novas distribuições.

O candidato deve observar os objetivos detalhados da prova – presentes no apêndice deste livro – e não negligenciar nenhum dos comandos e temas apontados. Se já houver familiaridade com aqueles abordados em versões anteriores, será importante dar foco à novidades como o *screen, getent, anacron, ntpq, journalctl, fuser, who, w* e *last*.

Introdução à quarta edição

A quarta edição deste livro não apresenta mudanças tão drásticas quanto aquelas da terceira edição. Apesar disso, não tratam-se de mudanças de menor importância. As alterações refletem o esforço do LPI – *Linux Professional Institute* – em manter-se sempre atualizado com as novas tecnologias empregadas nos ambientes GNU/Linux, sem perder de vista a imparcialidade que sempre foi a principal virtude de suas certificações.

Mudanças

Estão presentes no livro as mudanças que significaram o salto para a versão 3.5 da Certificação LPIC-1. O carregador Lilo já não é utilizado pela maioria das distribuições e foi abandonado, dando lugar ao Grub – agora chamado Grub legacy – e a sua nova versão, o Grub 2.

Ainda no contexto da instalação e inicialização, foram incluídos s conceitos básicos de LVM e dos controladores de serviço Upstart e Systemd, bastante conhecidos por sua utilização nas distribuições Ubuntu, Fedora e derivadas.

Dentre as alterações menores destacam-se a inclusão das ferramentas de sistema de arquivos ext4, revogação de chave GPG e exclusão do servidor de fontes do X. Todos os objetivos detalhados e em português encontram-se no apêndice presente no final deste livro.

Reconhecimento

Com muito orgulho apresentamos essa 4ª edição atualizada. Desde seu lançamento, o livro tem recebido diversas manifestações positivas de seus leitores, seja aqueles estudando de forma independente ou aqueles nas diversas instituições que o adotam como material didático em seus cursos. Realizando seus estudos com este livro você seguramente estará apto a obter sucesso no exame para Certificação LPIC-1.

Visão geral das mudanças nos exames LPIC nível 1

A nova revisão dos objetivos para as provas LPIC nível 1, válida a partir de abril de 2009, levou as provas para a versão 3.0. Essa é a segunda revisão completa dos objetivos, que padroniza a versão para o mundo todo. No âmbito geral, o LPI antecipou o ciclo de cinco anos para revisões completas. Por volta de cada dois anos e meio, os objetivos serão modificados para refletir as possíveis mudanças do Linux. A próxima versão do LPIC-1 será a 3.5 e refletirá essa revisão parcial.

Além dessas revisões principais, haverá adendos incluídos numa média trimestral, com o intuito de esclarecer pontos e detalhes dos exames. Esses adendos não alteram a versão da prova, pois têm apenas o intuito de esclarecer a cobertura da prova para organizadores de cursos e livros.

Os novos pesos

O peso total de cada prova foi estabelecido em 60. Isso significa que, salvo em provas com perguntas "beta" para fins de desenvolvimento do exame, cada prova terá exatamente 60 questões. Portanto, a indicação de peso 3 em um determinado objetivo indica que haverá três questões sobre o tema na prova (exceto, novamente, no caso de haver questões beta para fins de desenvolvimento dos exames).

Numeração dos objetivos

A numeração dos objetivos era passível de dúvida em função de sua falta de linearidade. Por isso, os prefixos *1.* e *2.* foram descartados nessa revisão. Em todos os momentos em que numerações como *1.xxx.y* ou *2.xxx.y* aparecem, o fazem para citar os objetivos antigos.

Redução de conteúdo duplicado

Em versões anteriores dos objetivos da certificação LPI, alguns tópicos eram abordados tanto nos exames do nível 1 quanto nos exames do nível 2. Em alguns casos, o mesmo conteúdo aparecia em diferentes provas dentro do mesmo nível de certificação. A atualização dos objetivos buscou reduzir as ocorrências de conteúdo duplicado em diferentes provas ou objetivos.

Contudo, algumas tecnologias – como DNS – são importantes nos dois níveis de certificação e estão distribuídas nos locais apropriados. Por exemplo, na certificação nível 1, a abordagem sobre o DNS está restrita à configuração do cliente do serviço. Na certificação nível 2, a abordagem passa para configuração e segurança de servidores DNS.

Versões de programas

Quando apropriado, as versões específicas de programas são mostradas nos objetivos. Por exemplo, a abordagem do Kernel 2.4 foi descartada para priorizar a versão 2.6. As questões relacionadas ao ReiserFS limitam-se à versão 3 do sistema de arquivos, e o servidor Bind 8.x não é mais abordado na prova.

Alterações de conteúdo

A maioria dos serviços de rede e demais tarefas administrativas foram movidas para a certificação nível 2. O foco da certificação nível 1 foi mais direcionado para o uso e administração de um sistema Linux local. Por exemplo, para obter a certificação nível 1 ainda é necessário saber lidar com a configuração do NTP e Syslog.

Manuseio de base de dados SQL

Dados armazenados em bases SQL tornaram-se muito relevantes na medida em que esses bancos de dados ficaram mais fáceis de administrar e interagir. Para esse novo objetivo, é necessário saber ler, incluir, atualizar e apagar dados a partir do banco.

Nenhum banco de dados específico é abordado, apenas o padrão de instruções SQL.

Acessibilidade

A nova versão da prova de certificação nível 1 introduz a necessidade de preocupação com questões de acessibilidade, programas e tecnologias assistivas.

Localização e internacionalização

Questões que envolvem outros idiomas além do inglês são abordadas. Inclui configuração de fuso horário, codificações de caracteres e configurações de ambiente relacionadas.

Criptografia de dados

A utilização do *ssh* como ferramenta de segurança para o usuário final ganhou mais relevância. Além disso, também é abordada a utilização do GPG (GnuPG).

Os conteúdos incluídos são expressivos e devem receber atenção, mas mesmo os conteúdos abordados nas outras versões da prova sofreram alguma modificação e não devem ser negligenciados. Essa terceira edição do livro *Certificação LPI-1*, sob chancela da Linux New Media do Brasil – editora da reconhecida revista Linux Magazine – contempla todos os aspectos da certificação. Além disso, foram incluídos 100 exercícios do mesmo tipo daqueles que serão encontrados na prova. Tudo para que o candidato possa sentir ainda mais segurança ao buscar sua certificação.

Introdução à primeira edição

Se há algo de que os entusiastas e profissionais envolvidos com Linux não podem reclamar é a oferta de documentação oferecida pela maioria dos programas desenvolvidos para o sistema. São milhares de páginas explicando minuciosamente cada aspecto da configuração do sistema, englobando desde um simples comando para lidar com arquivos de texto até um complexo servidor de email.

Porém, é justamente a quantidade, mesmo que não negligenciando qualidade, que pode tornar-se obstáculo para o aprendizado. Não é raro encontrar, inclusive entre profissionais da área, queixas quanto à falta de objetividade oferecida pelas páginas de manuais, via de regra extensas e deveras tecnicistas.

Minha própria experiência mostrou que o caminho mais comum de aprendizado é o que pode ser chamado de um auto-didatismo assistido, ou seja, a pessoa aprende por si só até um determinado ponto, do qual só avança se auxiliada por um usuário ou um grupo de usuários mais experientes.

A internet também é fonte indiscutível de conhecimento sobre Linux. Sites sobre o sistema brotam diariamente, mas, via de regra, contêm material insuficiente para quem quer ir além das simples receitas e dicas. Para aqueles que não dominam o inglês, soma-se a tudo isso a barreira da língua, tornando ainda mais difícil conseguir material específico e de qualidade.

A certificação oferecida pelo Linux Professional Institute – *www.lpi.org* – sempre teve o pressuposto de ser independente quanto a distribuições e preparação do candidato, e talvez seja justamente aí que residam sua força e reconhecimento. Sendo extremamente democrática, porém, o profissional que deseja certificar-se pode se sentir órfão durante a preparação.

É para suprir essa demanda que o material aqui apresentado foi escrito, tendo como objetivo específico a preparação para o exame de certificação LPI Nível 1. Estruturado exatamente conforme as exigências do próprio Linux Professional Institute (ver apêndice deste livro), nenhum ponto foi deixado de lado.

Mesmo sendo o conteúdo exigido para a prova bastante extenso, cada item é abordado de maneira objetiva, com demonstrações práticas de utilização. É correto afirmar que o material é útil, mesmo para aqueles que ainda não têm o exame de certificação em vista, mas que desejam aprofundar seu conhecimento sobre Linux.

A leitura do livro não dispensa a experimentação prática, devendo, assim, ser acompanhado dela. Dado o grande volume de assuntos abordados, a utilização das ferramentas e dos conceitos demonstrados é muito importante para fixação do conteúdo, principalmente para quem o está vendo pela primeira vez.

Certamente, este livro lhe será bastante útil, tanto na preparação para o exame quanto para referência posterior. O conhecimento adquirido no decorrer de sua leitura e sua formalização por meio do certificado terão papel decisivo na sua vida profissional. Bons estudos e boa prova!

Peso total do tópico
na prova: 8

Tópico 101:

Arquitetura de Sistema

Principais temas abordados:

- Aspectos fundamentais de configuração de hardware no Linux;
- Inicialização (boot) do sistema;
- Níveis de execução e desligamento.

101.1 Identificar e editar configurações de hardware

Peso 2

A parte mais fundamental de um sistema operacional é a comunicação com o hardware da máquina. Antes mesmo que o sistema operacional seja encarregado, o BIOS (*Basic Input/Output System*, ou Sistema Básico de Entrada/Saída) identifica e realiza testes simples nos itens fundamentais de hardware, como processador, memória e disco.

Ativação de dispositivos

O hardware básico do sistema é configurado por meio do utilitário de configuração de BIOS, a tela azul mostrada ao pressionar a tecla [Del] ou [F2] logo após ligar o computador. Por meio desse utilitário, é possível liberar e bloquear periféricos integrados, ativar proteção básica contra erros e configurar endereços I/O, IRQ e DMA. Em geral, as configurações automáticas de fábricas não precisam ser alteradas. Contudo, pode ser necessário ativar ou desativar dispositivos integrados, como teclados, controladora USB, suporte a múltiplos processadores etc.

Inspeção de dispositivos

Existem duas maneiras básicas de identificar recursos de hardware dentro de um sistema Linux: utilizando comandos específicos ou lendo arquivos dentro de sistemas de arquivos especiais.

Comandos de inspeção

São dois os comandos fundamentais que identificam a presença de dispositivos:

- `lspci`: Mostra todos os componente conectados ao barramento PCI, como controladoras de disco, placas externas, controladoras USB, placas integradas etc.
- `lsusb`: Mostra os dispositivos USB conectados à máquina.

Por que desativar o teclado?

Teclados são realmente necessários em computadores Desktop, diretamente operados pelo usuário sentado à sua frente. Contudo, no caso de servidores, o teclado é dispensável, pois raramente essas máquinas são operadas "*in loco*". Via de regra servidores são operados remotamente, com ferramentas como o *OpenSSH*. Retirar o teclado pode causar problemas, pois algumas máquinas interrompem a inicialização ao detectar sua ausência. Por isso é importante desativar a detecção do teclado no utilitário de configuração do BIOS, para evitar que o servidor não volte ao ar após um reinício de sistema.

Os comandos `lspci` e `lsusb` mostram uma lista de todos os dispositivos no barramento PCI e USB cuja presença foi identificada pelo sistema operacional. Isso não quer dizer que o dispositivo esteja funcional, pois para cada componente de hardware é necessário um componente de software que controla o dispositivo correspondente. Esse componente de software é chamado módulo, e na maioria dos casos já está presente no sistema operacional. O comando `lsmod` lista todos os módulos atualmente carregados no sistema.

O seguinte trecho de saída do comando `lspci` mostra que uma placa de áudio externa foi identificada:

```
01:01.0 Network controller: RaLink RT2561/RT61 802.11g PCI
01:02.0 Multimedia audio controller: VIA Technologies Inc. ICE1712 [Envy24] PCI
↳ Multi-Channel I/O Controller (rev 02)
02:00.0 Ethernet controller: Realtek Semiconductor Co., Ltd. RTL8111/8168B PCI
↳ Express Gigabit Ethernet controller (rev 01)
```

Podemos obter mais detalhes desse dispositivo com o próprio comando `lspci`, fornecendo o endereço do dispositivo (os números no início da linha) com a opção `-s` e detalhando a listagem com a opção `-v`:

```
# lspci -s 01:02.0 -v
01:02.0 Multimedia audio controller: VIA Technologies Inc. ICE1712 [Envy24] PCI
↳ Multi-Channel I/O Controller (rev 02)
        Subsystem: VIA Technologies Inc. M-Audio Delta 66
        Flags: bus master, medium devsel, latency 32, IRQ 22
        I/O ports at b800 [size=32]
        I/O ports at b400 [size=16]
        I/O ports at b000 [size=16]
        I/O ports at a800 [size=64]
        Capabilities: [80] Power Management version 1
        Kernel driver in use: ICE1712
        Kernel modules: snd-ice1712
```

Com essa saída podemos identificar o modelo da placa (*M-Audio Delta 66*) e o módulo correspondente sendo utilizado pelo sistema (*snd-ice1712*). Uma situação como essa indica que:

- o dispositivo foi identificado;
- um módulo correspondente foi carregado;
- o dispositivo está pronto para uso.

Com o comando `lsmod` verificamos a presença do módulo `snd-ice1712`:

```
$ lsmod
Module                  Size  Used by
(...)
w83627ehf              23048  0
hwmon_vid               6912  1 w83627ehf
hwmon                   6300  1 w83627ehf
lp                     13444  0
fuse                   53660  1
snd_ice1712            62756  0
snd_hda_codec_analog    62464  1
snd_ice17xx_ak4xxx      7168  1 snd_ice1712
snd_ak4xxx_adda        11904  2 snd_ice1712,snd_ice17xx_ak4xxx
snd_hda_intel          29000  0
snd_hda_codec          64128  2 snd_hda_codec_analog,snd_hda_intel
snd_cs8427             11520  1 snd_ice1712
snd_hwdep              10372  2 snd_usb_audio,snd_hda_codec
snd_ac97_codec        102052  1 snd_ice1712
ov511                  75664  0
(...)
```

A saída do comando lsmod é dividida em três colunas:

- *Module*: Nome do módulo;
- *Size*: Memória ocupada pelo módulo, em bytes;
- *Used by*: Módulos dependentes.

Módulos x Drivers

No sistema operacional Windows, os correspondentes dos módulos são os chamados `drivers`. Na maiorias dos casos os drivers para Windows são fornecidos pelos próprios fabricantes do dispositivo. Poucos fabricantes desenvolvem e fornecem os drivers de seus dispositivos para Linux, ficando os próprios desenvolvedores do Linux responsáveis por produzir esses drivers. Por esse motivo, alguns componentes que funcionam no Windows com o driver fornecido pelo fabricante podem não possuir um módulo funcional no Linux. Apesar disso, poucos são os casos de dispositivos que não funcionam no Linux, como alguns modelos dos já ultrapassados *Winmodems*.

É comum que alguns módulos possuam dependências, como é o caso do `snd-ice1712`. Por tratar-se de um módulo de dispositivo de áudio, ele depende de outros componentes do sistema de som do Linux, o sistema *Alsa*, também carregados como módulos.

O comando `lsusb` é semelhante ao `lspci` e produz uma saída como essa:

```
# lsusb
Bus 001 Device 001: ID 1d6b:0002 Linux Foundation 2.0 root hub
Bus 005 Device 021: ID 12d1:1003 Huawei Technologies Co., Ltd. E220 HSDPA Modem /
↳ E270 HSDPA/HSUPA Modem
Bus 005 Device 001: ID 1d6b:0001 Linux Foundation 1.1 root hub
Bus 004 Device 001: ID 1d6b:0001 Linux Foundation 1.1 root hub
Bus 003 Device 002: ID 04f3:0212 Elan Microelectronics Corp. Laser Mouse
Bus 003 Device 001: ID 1d6b:0001 Linux Foundation 1.1 root hub
Bus 002 Device 002: ID 05a9:a511 OmniVision Technologies, Inc. OV511+ Webcam
Bus 002 Device 001: ID 1d6b:0001 Linux Foundation 1.1 root hub
```

Ele mostra os canais USB disponíveis e os dispositivos conectados. São exibidos mais detalhes sobre os dispositivos com a opção `-v`. Um dispositivo específico pode ser escolhido ao informar o ID com a opção `-d`:

```
# lsusb -v -d 12d1:1003
Bus 005 Device 021: ID 12d1:1003 Huawei Technologies Co., Ltd. E220 HSDPA Modem /
↳ E270 HSDPA/HSUPA Modem
Device Descriptor:
  bLength                18
  bDescriptorType         1
  bcdUSB               1.10
  bDeviceClass            0 (Defined at Interface level)
  bDeviceSubClass         0
  bDeviceProtocol         0
  bMaxPacketSize0        64
  idVendor           0x12d1 Huawei Technologies Co., Ltd.
  idProduct          0x1003 E220 HSDPA Modem / E270 HSDPA/HSUPA Modem
  bcdDevice            0.00
  iManufacturer           1 HUAWEI Technologies
  iProduct                2 HUAWEI Mobile
  iSerial                 0
(...)
```

Arquivos especiais e de dispositivos

Tanto o `lspci` quanto o `lsusb` e o `lsmod` servem como facilitadores de leitura das informações de hardware armazenadas pelo sistema. Essas informações ficam em arquivos especiais localizados nos diretórios `/proc` e `/sys`.

O diretório `/proc` contém arquivos com informações dos processos ativos e de recursos de hardware. Por exemplo, o arquivo `/proc/scsi/scsi` contém informações sobre a controladora SCSI identificada no sistema:

```
# cat /proc/scsi/scsi
Attached devices:
Host: scsi2 Channel: 02 Id: 00 Lun: 00
  Vendor: MegaRAID Model: LD0 RAID1 70006R Rev: 1L37
  Type:   Direct-Access                    ANSI  SCSI revision: 02
```

Alguns arquivos importantes encontrados no diretório `/proc`:

- `/proc/cpuinfo`: Informação sobre o(s) processador(es) encontrado(s) pelo sistema;
- `/proc/dma`: Informação sobre os canais de acesso direto à memória;
- `/proc/ioports`: Informação sobre endereços de memória usados pelos dispositivos;
- `/proc/interrupts`: Informação sobre as requisições de interrupção (IRQ) nos processadores.

Os arquivos em `/sys` têm função semelhante aos do `/proc`. Porém, o `/sys` tem função específica de armazenar informações de dispositivos, enquanto que o `/proc` agrega muitas informações de processos também.

Tratando-se de dispositivos, outro diretório muito importante é o `/dev`. Nele encontramos arquivos especiais que representam a maioria dos dispositivos do sistema, particularmente dispositivos de armazenamento.

Um disco IDE, por exemplo, quando conectado ao primeiro canal IDE da placa mãe, é representado pelo arquivo `/dev/hda`. Cada partição nesse disco será identificada como `/dev/hda1`, `/dev/hda2` e até a última partição encontrada.

Coldplug e Hotplug

São vários os componentes responsáveis por identificar o dispositivo e carregar o módulo correspondente. O sistema trata de maneira semelhante tanto os dispositivos internos fixos quanto os dispositivos removíveis e externos. Conceitualmente, os dispositivos podem ser classificados como *Coldplug* e *Hotplug*.

Em linhas gerais, Coldplug significa a necessidade de desligar a máquina para conectar um dispositivo. Exemplos de dispositivos coldplug são placas PCI e dispositivos IDE. Na maioria dos computadores, CPU e módulos de memória são coldplug. Porém, alguns servidores de alta performance suportam hotplug para esses componentes.

Hotplug é o sistema que permite conectar novos dispositivos à máquina em funcionamento e usá-los imediatamente, como no caso de dispositivos USB. O sistema hotplug foi incorporado ao Linux a partir do kernel 2.6. Dessa forma, qualquer barramento (PCI, USB etc.) pode disparar eventos hotplug quando um dispositivo é conectado ou desconectado.

Assim que um dispositivo é conectado ou desconectado, o hotplug dispara um evento correspondente, geralmente trabalhando junto ao subsistema *Udev*, que atualiza os arquivos de dispositivos em `/dev`.

Mesmo alguns dispositivos coldplug são configurados pelo sistema hotplug. Na hora da inicialização, o script `/etc/init.d/hotplug` (ou `/etc/rc.d/rc.hotplug` em alguns sistemas) dispara os scripts agentes em `/etc/hotplug/` para configurar aqueles dispositivos que já estavam presentes antes de a máquina ser ligada.

Dispositivos de armazenamento

No Linux, todo dispositivo de armazenamento encontrado é identificado por um arquivo dentro do diretório `/dev`. O nome utilizado para o arquivo depende do tipo do dispositivo (IDE, SATA, SCSI etc) e das partições nele contidas. Os nomes são definidos como mostrado na tabela **Nomes dos dispositivos de armazenamento no Linux**. Em alguns sistemas, se o Kernel Linux for configurado para tal, mesmo os discos IDE podem se identificar como discos SATA. Nesse caso, os nomes serão criados com o prefixo `sd`, mas ainda será respeitado o esquema de nomes por *master/slave* (no primeiro canal IDE, `sda` para master e `sdb` para slave, por exemplo).

Dispositivos de CD/DVD e disquetes também têm arquivos correspondentes em `/dev`. Um drive de CD/DVD conectado ao segundo canal IDE será identificado como `/dev/hdc`. Um dispositivo de disquete 3,5" tradicional é identificado pelo arquivo `/dev/fd0`.

Dispositivos SCSI

Os dispositivos SCSI possuem algumas particularidades em relação a outros dispositivos de armazenamento. Há basicamente dois tipos de dispositivos SCSI: 8 bit (7 dispositivos, além da controladora) e 16 bit (15 dispositivos além da controladora).

Dispositivos SCSI são identificados por meio de um conjunto de três números, chamado *SCSI_ID*, que especificam:

- *Canal SCSI*: cada adaptador SCSI suporta um canal de dados, no qual são anexados os dispositivos SCSI. São numerados a partir de zero (0);

Nomes dos dispositivos de armazenamento no Linux

Tipo	Critério para nomeação	Exemplo
IDE	Canal IDE utilizado *Master/Slave* Número da partição	**/dev/hda1** (Primeira partição do disco conectado como master no primeiro canal IDE)
		/dev/hdb2 (Segunda partição do disco conectado como slave no primeiro canal IDE)
		/dev/hdc3 (Terceira partição do disco conectado como master no segundo canal IDE)
SATA	Ordem de identificação do disco pelo BIOS Número da partição	**/dev/sda2** (Segunda partição do primeiro disco)
		/dev/sdb1 (Primeira partição do segundo disco)
SCSI	Ordem de identificação do disco pelo BIOS Número da partição	**/dev/sda1** (Primeira partição do primeiro disco)
		/dev/sdb1 (Primeira partição do segundo disco)
SDD (Cartões e pendrives)	Ordem de identificação do disco pelo BIOS (utiliza barramento SATA) Número da partição	**/dev/sdc1** (Partição do pendrive, no caso de já estarem presentes dois discos SATA ou SCSI)

- *ID do dispositivo*: a cada dispositivo é atribuído um número ID único, alterável por meio de jumpers ou do BIOS da controladora. A faixa de IDs vai de 0 a 7 em controladores de 8 bits e de 0 a 15 em controladores de 16 bits. O ID da controladora costuma ser 7;
- *Número lógico da unidade (LUN)*: é usado para determinar diferentes dispositivos dentro de um mesmo canal SCSI. Pode indicar uma partição em um disco ou um dispositivo de fita específico em um dispositivo multi-fita. Atualmente não é muito utilizado, pois adaptadores SCSI estão mais baratos e podem comportar mais alvos por barramento.

Todos os dispositivos SCSI encontrados são listados em `/proc/scsi/scsi`. O comando `scsi_info` usa as informações desse arquivo para mostrar o `SCSI_ID` e o modelo do dispositivo solicitado. Exemplo de conteúdo do arquivo `/proc/scsi/scsi`:

```
# cat /proc/scsi/scsi
Attached devices:
Host: scsi2 Channel: 02 Id: 00 Lun: 00
  Vendor: MegaRAID Model: LD0 RAID1 70006R Rev: 1L37
  Type:   Direct-Access                   ANSI  SCSI revision: 02
```

Por padrão, o dispositivo SCSI de inicialização é o de ID 0, o que pode ser alterado no BIOS da controladora. Se existirem tanto dispositivos SCSI quanto IDE, a ordem da inicialização precisa ser especificada no BIOS da máquina.

101.2 Início (boot) do sistema

Peso 3

É possível passar opções para o kernel no momento da inicialização, com propósitos que vão desde especificar o montante de memória até entrar no modo de manutenção do sistema. O processo de inicialização também é importante para identificar se dispositivos e serviços foram identificados e configurados corretamente.

Carregador de boot (Bootloader)

Há dois principais programas responsáveis por carregar um sistema Linux: o Grub e o Lilo, ambos denominados *bootloader* (carregador de boot). O mais popular deles é o Grub, mas o Lilo ainda é utilizado em algumas distribuições. Ambos funcionam de maneira semelhante. Antes de carregar o kernel, o bootloader apresenta um *prompt* no qual é possível alterar o comportamento padrão de carregamento do sistema. Geralmente é necessário apertar uma tecla como [Esc] ou [Tab] para que o prompt apareça (**figura 1**).

Após entrar no menu do Grub (**figura 2**), pressione a tecla [e] para entrar no submenu de inicialização (**figura 3**).

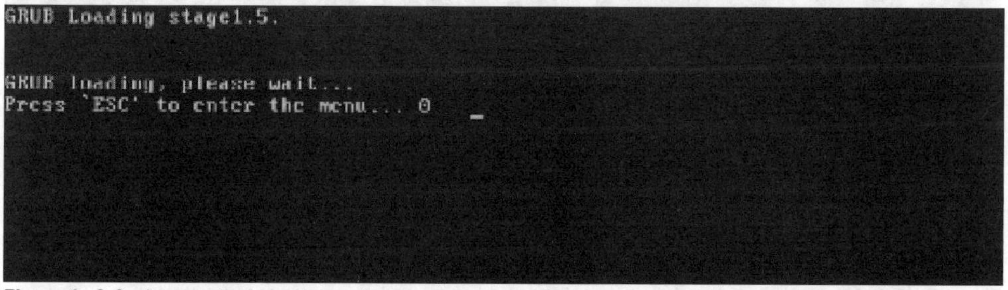

Figura 1. O Grub aguarda alguns segundos para que o usuário aperte a tecla [Esc] e acione o prompt de boot.

Para passar argumentos ao kernel, é necessário escolher a linha que inicia pelo termo kernel (**figura 3**) e apertar novamente a tecla [e]. A linha poderá ser editada com os parâmetros desejados (**figura 4**).

No caso do exemplo, foi adicionado o parâmetro `init` para definir um controlador de inicialização diferente de `/sbin/init`. Feito isso, basta pressionar [Enter] para voltar ao menu anterior e, em seguida, pressionar [b] para iniciar o sistema. Nesse caso, será invocado um shell – o interpretador `/bin/bash` – e o sistema básico estará disponível para tarefas como recuperação e correção de problemas.

Outras utilidades para os parâmetros no boot são indicar o kernel a carregar, passar parâmetros de configuração e alterar o *runlevel* (nível de execução) inicial.

A maioria dos parâmetros obedece ao formato *item=valor*. Exemplo de parâmetros mais comuns na tabela **Parâmetros de inicialização**. Dessa mesma forma, é

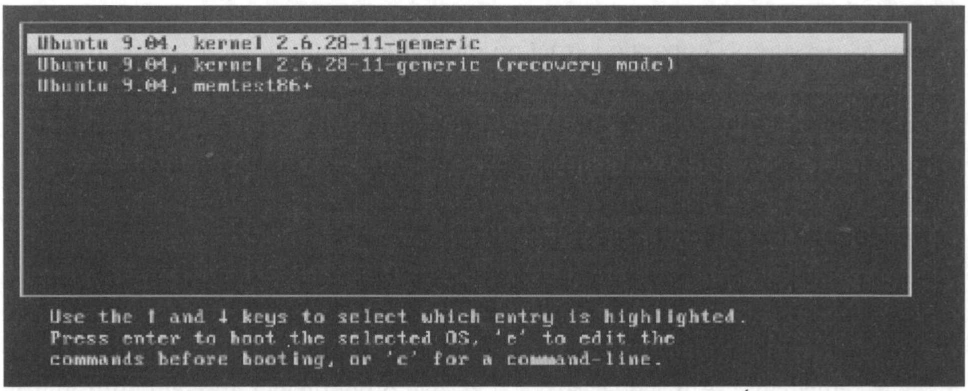

Figura 2. No menu do Grub são oferecidas as diferentes opções de boot do sistema. É possível que existam diferentes versões de kernel.

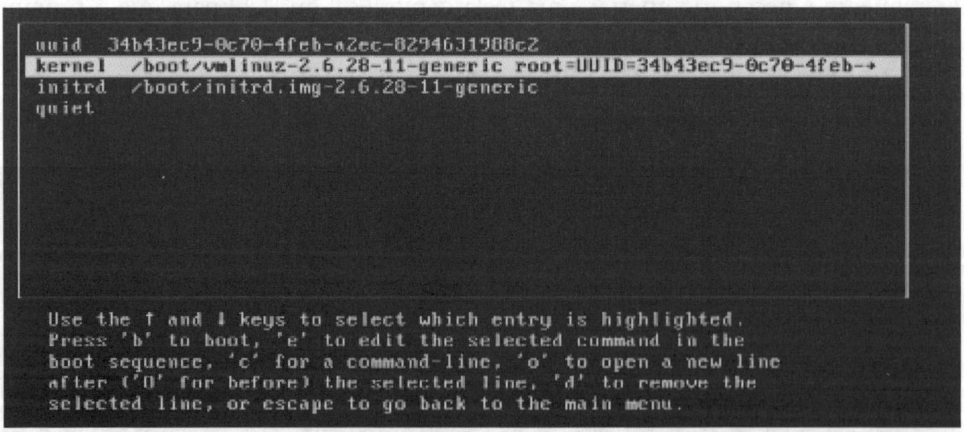

Figura 3. No submenu de inicialização estão as diferentes linhas usadas para carregar o sistema.

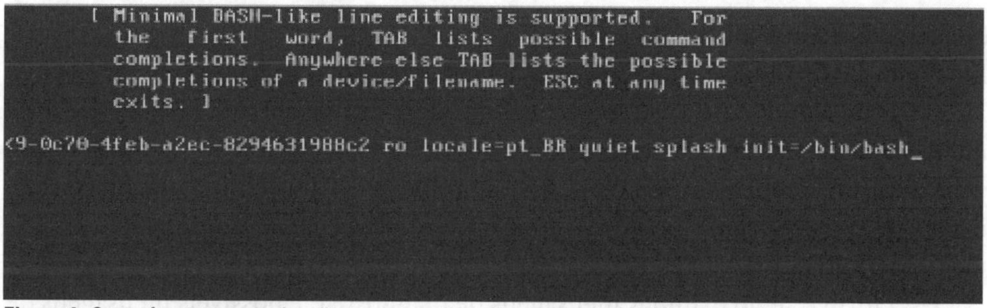

Figura 4. Os parâmetros passados diretamente ao kernel no menu de inicialização do Grub.

possível passar parâmetros para os módulos compilados estaticamente no kernel. Para que os parâmetros sejam automaticamente passados em todo boot, eles podem ser incluídos na instrução `append` no arquivo `/etc/lilo.conf` ou no arquivo `/boot/grub/menu.lst` do Grub.

Outra possibilidade de uso do prompt do bootloader é alterar o runlevel inicial do sistema. Os parâmetros aceitos são *s*, *single*, *S*, *1*, *2*, *3*, *4*, *5*.

Se nenhum parâmetro for passado, o runlevel inicial será aquele especificado no arquivo `/etc/inittab`.

Parâmetros de inicialização

Parâmetro	Descrição	Exemplo
acpi	Liga/desliga o suporte a ACPI.	acpi=off
init	Define um outro programa para executar no lugar de */sbin/init.*	init=/bin/bash
mem	Define o quanto de memória RAM estará disponível para o sistema.	mem=512M
maxcpus	Número máximo de processadores (ou núcleos) visíveis para o sistema (apropriado apenas para máquina com suporte a multiprocessamento SMP). Valor 0 desliga o suporte a SMP – corresponde a utilizar o parâmetro *nosmp*.	maxcpus=2
quiet	Não exibe a maioria das mensagens de inicialização.	quiet
vga	Seleciona um modo de vídeo.	vga=773
root	Define uma partição raiz diferente da pré-determinada pelo carregador de boot.	root=/dev/sda3
ro ou rw	Realiza a montagem inicial como somente leitura ou como leitura e escrita.	ro

Mensagens de inicialização

Em algumas distribuições Linux, como Ubuntu e Fedora, as mensagens de inicialização são suprimidas e em seu lugar é exibida uma tela de abertura. Apesar de mais interessante do ponto de vista estético, a supressão das mensagens de inicialização pode atrapalhar o diagnóstico de possíveis problemas. Para exibir as mensagens de inicialização nesses casos, basta retirar as opções *quiet* e *splash* do linha de carregamento do Kernel.

Dessa forma, serão exibidas mensagens de diagnóstico e possíveis mensagens de erro referentes a hardware e software. Cada etapa da inicialização é demonstrada

Etapas da inicialização

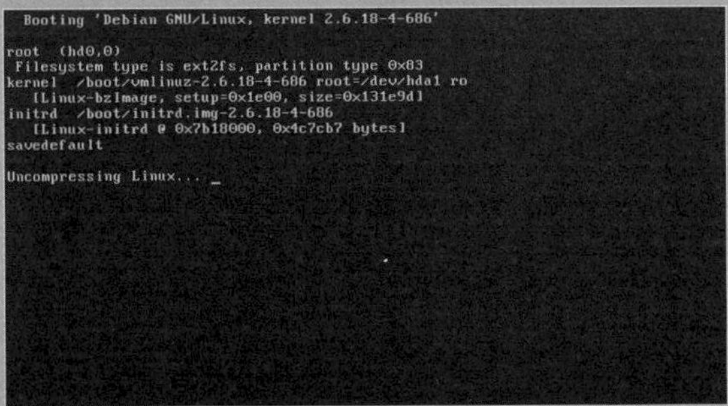

```
  Booting 'Debian GNU/Linux, kernel 2.6.18-4-686'

root  (hd0,0)
 Filesystem type is ext2fs, partition type 0x83
kernel  /boot/vmlinuz-2.6.18-4-686 root=/dev/hda1 ro
   [Linux-bzImage, setup=0x1e00, size=0x131e9d]
initrd  /boot/initrd.img-2.6.18-4-686
   [Linux-initrd @ 0x7b18000, 0x4c7cb7 bytes]
savedefault

Uncompressing Linux... _
```

Neste momento o kernel será iniciado. A partir dessas informações podemos verificar que o dispositivo raiz indicado para o sistema será a primeira partição no primeiro disco (hd0,0), o sistema de arquivos identificado (ext2fs), o tipo da partição (0x83 - Linux). Também é mostrado qual imagem do kernel será utilizada (`/boot/vmlinuz-2.6.18-4-686`) e a imagem (se houver) initrd (`/boot/initrd.img-2.6.18-4-686`).

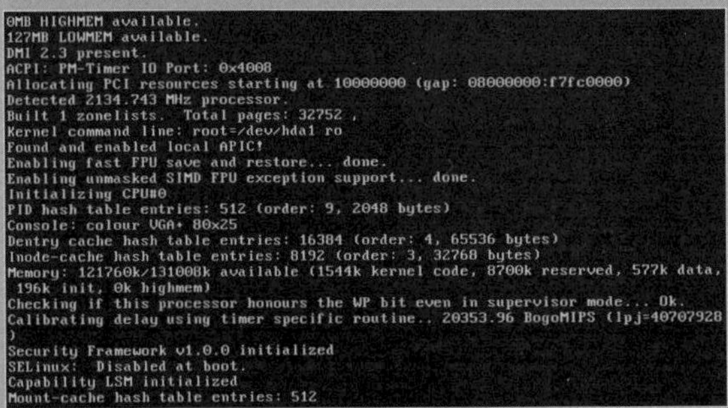

```
0MB HIGHMEM available.
127MB LOWMEM available.
DMI 2.3 present.
ACPI: PM-Timer IO Port: 0x4008
Allocating PCI resources starting at 10000000 (gap: 08000000:f7fc0000)
Detected 2134.743 MHz processor.
Built 1 zonelists.  Total pages: 32752 ,
Kernel command line: root=/dev/hda1 ro
Found and enabled local APIC!
Enabling fast FPU save and restore... done.
Enabling unmasked SIMD FPU exception support... done.
Initializing CPU#0
PID hash table entries: 512 (order: 9, 2048 bytes)
Console: colour VGA+ 80x25
Dentry cache hash table entries: 16384 (order: 4, 65536 bytes)
Inode-cache hash table entries: 8192 (order: 3, 32768 bytes)
Memory: 121760k/131008k available (1544k kernel code, 8700k reserved, 577k data,
 196k init, 0k highmem)
Checking if this processor honours the WP bit even in supervisor mode... Ok.
Calibrating delay using timer specific routine.. 20353.96 BogoMIPS (lpj=40707928
)
Security Framework v1.0.0 initialized
SELinux:  Disabled at boot.
Capability LSM initialized
Mount-cache hash table entries: 512
```

Assim que o kernel assume o controle, informações conseguidas junto ao BIOS e outras informações de hardware são mostradas na tela. É um processo muito rápido e dificilmente pode ser acompanhado.

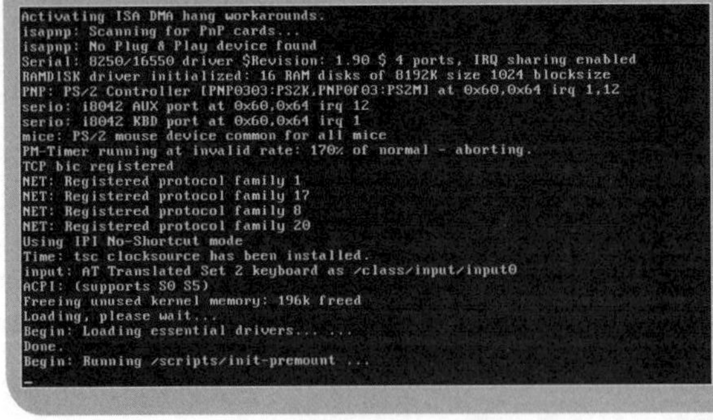

```
Activating ISA DMA hang workarounds.
isapnp: Scanning for PnP cards...
isapnp: No Plug & Play device found
Serial: 8250/16550 driver $Revision: 1.90 $ 4 ports, IRQ sharing enabled
RAMDISK driver initialized: 16 RAM disks of 8192K size 1024 blocksize
PNP: PS/2 Controller [PNP0303:PS2K,PNP0f03:PS2M] at 0x60,0x64 irq 1,12
serio: i8042 AUX port at 0x60,0x64 irq 12
serio: i8042 KBD port at 0x60,0x64 irq 1
mice: PS/2 mouse device common for all mice
PM-Timer running at invalid rate: 170% of normal - aborting.
TCP bic registered
NET: Registered protocol family 1
NET: Registered protocol family 17
NET: Registered protocol family 8
NET: Registered protocol family 20
Using IPI No-Shortcut mode
Time: tsc clocksource has been installed.
input: AT Translated Set 2 keyboard as /class/input/input0
ACPI: (supports S0 S5)
Freeing unused kernel memory: 196k freed
Loading, please wait...
Begin: Loading essential drivers... ...
Done.
Begin: Running /scripts/init-premount ...
_
```

O hardware fundamental do sistema, como portas seriais, teclado e mouse, será então iniciado.

no diagrama **Etapas da inicialização** a seguir.

Para inspecionar o processo de inicialização do sistema, é usado o comando `dmesg`. As mensagens do carregamento são armazenadas em `/var/log/dmesg`, além de outras mensagens do kernel, que podem ser checadas dentro do arquivo `/var/log/messages`.

Lilo e módulos externos

Lembre-se de reinstalar o Lilo – executando o comando *lilo* – toda vez que sua configuração for alterada. Para os módulos externos, parâmetros são passados diretamente com o comando *modprobe* ou podem constar em seus arquivos de configuração em */etc/modprobe.d/*.

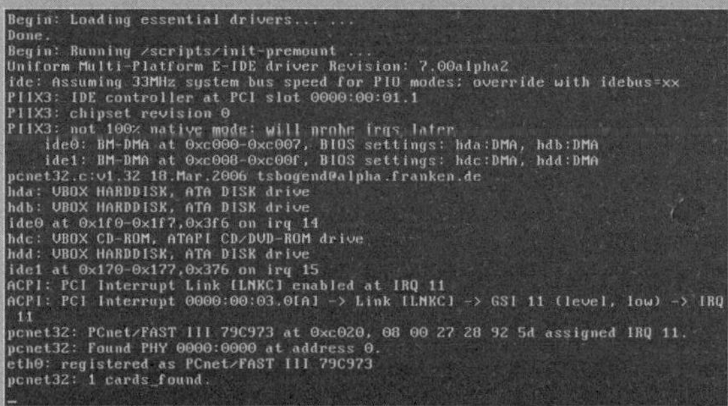

Outros itens de hardware sendo identificados e minimamente configurados, como barramentos, discos rígidos e dispositivo de rede.

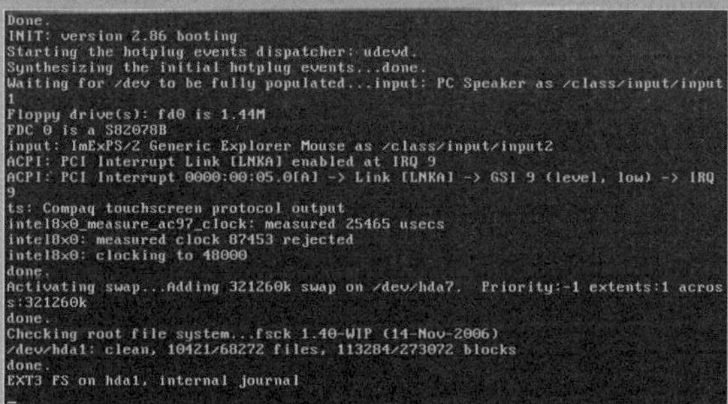

Assim que a identificação inicial do hardware terminar e a partição raiz for montada, o `init` será disparado e as configurações mais avançadas de hardware e os daemons serão iniciados. Neste estágio, entre outros procedimentos, são montadas as demais partições, inclusive a partição swap, conforme constadas em `/etc/fstab`.

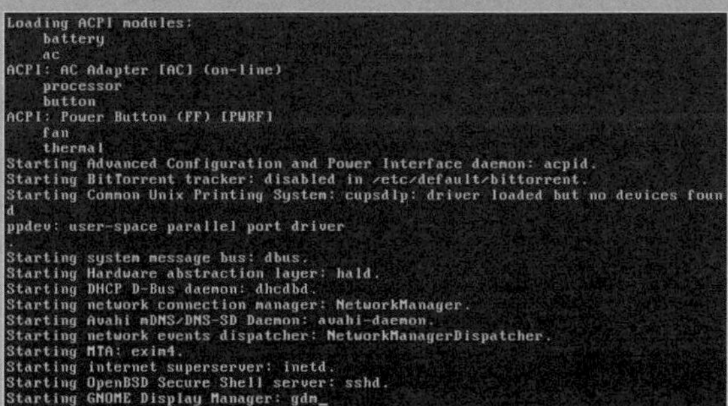

Continuando a última etapa, demais daemons de serviços são disparados e o usuário poderá ingressar no sistema.

101.3 Alternar runlevels, desligar e reiniciar o sistema

Peso 3

O *runlevel* (nível de execução do sistema) é o grau de interação com o usuário que o sistema opera. O programa `/sbin/init`, invocado logo no início do processo de boot, identifica o nível de execução informado no carregamento do kernel ou no arquivo de configuração `/etc/inittab` e carrega os programas – scripts e serviços – correspondentes, indicados nesse mesmo arquivo. Na maioria das distribuições Linux, os scripts invocados pelo `init` ficam no diretório `/etc/init.d`. Em algumas outras distribuições esses scripts ficam em `/etc/rc.d`.

O níveis de execução (runlevels)

Os runlevels são numerados de 0 a 6 e suas funções podem variar de uma distribuição para outra. Via de regra, o próprio arquivo `/etc/inittab`, que define os runlevels, traz também informações a respeito de cada um. O formato das entradas nesse arquivo é `id:runlevels:ação:processo`.

O termo *id* é um nome de até quatro caracteres para identificar a entrada do inittab. O termo *runlevels* é a lista dos runlevels para os quais a ação da entrada deverá ser executada. O termo *ação* é o tipo de ação a ser tomada e o termo *processo* é o comando a ser acionado.

Os tipos mais comuns para ações são mostrados na tabela **Ações de runlevels.**

Ações de runlevels.

Ação	Descrição
sysinit	Processo executado durante o boot do sistema.
wait	Processo será executado e o programa *init* aguardará seu término.
ctrlaltdel	O processo será executado quando o init receber o sinal *SIGINT*, o que significa que as teclas [Ctrl]+[Alt]+[Del] foram pressionadas.

Exemplo de trecho do arquivo `/etc/inittab`:

```
si::sysinit:/etc/init.d/rcS
~~:S:wait:/sbin/sulogin
1:2345:respawn:/sbin/getty 38400 tty1
2:23:respawn:/sbin/getty 38400 tty2
```

Na maioria dos casos, a numeração dos runlevels representam:

- 0: desligamento do sistema;

- 1: usuário único (modo de manutenção, sem rede ou serviços);
- 2: multiusuário;
- 3: multiusuário, com login gráfico;
- 4: multiusuário, com login gráfico;
- 5: multiusuário, com login gráfico;
- 6: reinicialização do sistema.

Os únicos runlevels comuns a toda distribuição Linux são 0, 1 e 6. O runlevel padrão, aquele que será utilizado a menos que outros sejam passados no carregamento do kernel, é definido no próprio arquivo `/etc/inittab`, na entrada `id:x:initdefault`. O *x* é o número do runlevel iniciado por padrão. Esse número jamais pode ser 0 ou 6, pois causaria o desligamento ou a reinicialização logo durante o boot.

Por ser o primeiro programa iniciado logo após a inicialização do kernel, o PID (número de identificação de processo) do init será sempre 1.

Alternando entre runlevels

Para alternar entre runlevels após o boot, pode-se usar o próprio comando `init` ou o comando `telinit`, fornecendo como argumento o número do runlevel desejado.

Para identificar em qual runlevel o sistema está operando, é utilizado o comando cognato chamado *runlevel*. O comando runlevel mostra dois algarismos: o primeiro mostra o runlevel anterior e o segundo, o runlevel atual.

Desligamento e reinicialização

O principal comando usado para desligar ou reiniciar o sistema é o comando `shutdown`, pois agrega algumas funcionalidades importantes. Ele automaticamente notifica todos os usuários no sistema com uma mensagem exibida no terminal, e novos logins são bloqueados.

Após invocar o shutdown, todos os processos recebem o sinal *SIGTERM*, seguido de *SIGKILL*, antes de o sistema desligar ou alternar o runlevel. O padrão, caso não sejam usadas as opções `-h` ou `-r`, é que o sistema alterne para o runlevel 1, ou seja, usuário único. O comando shutdown é invocado utilizando a sintaxe *shutdown [opção] horário [mensagem]*.

Apenas o argumento horário é obrigatório. Ele indica quando efetuar a ação requisitada, e seu formato pode ser:

- `hh:mm`: horário para execução;
- `+m`: minutos até a execução;
- `now` ou `+0`: execução imediata.

Algumas das opções mais usadas do comando shutdown são:

- `-a`: usar o arquivo de permissão `/etc/shutdown.allow`;
- `-r`: reiniciar a máquina;
- `-h`: desligar a máquina;
- `-t segundos`: define o tempo de espera antes de o comando shutdown executar a ação solicitada.

O argumento *mensagem* será o aviso enviado a todos os usuários que estiverem logados no sistema. O comando **Wall** pode ser utilizado para essa mesma finalidade.

Para impedir que qualquer usuário reinicie a máquina pressionando [Ctrl]+[Alt]+[Del], a opção **-a** deve acompanhar o comando shutdown presente na linha do arquivo `/etc/inittab` referente à ação *ctrlaltdel*. Dessa forma, somente os usuários cujos nomes de login constarem no arquivo `/etc/shutdown.allow` poderão reiniciar o sistema usando a combinação de teclas.

Systemd

O *Systemd* é um gerenciador de sistema e serviços para Linux compatível com o padrão *SysV* e *LSB*. Ele possui uma forte capacidade de paralelização, utiliza ativação por *sockets* e D-Bus para iniciar os serviços, disparo sob demanda dos *daemons*, monitoramento dos processos por *cgroups*, suporte a *snapshots* e restauro do estado do sistema, controle dos pontos de montagem e implementa uma lógica elaborada de controle de serviços baseada em dependência de transações. Atualmente, o sistema operacional Linux mais popular a adotar o systemd é o *Fedora*.

O systemd dá início e supervisiona todo o sistema e é baseado no conceito de unidades. Uma unidade é composta por um **nome** e um **tipo** e possui um arquivo de configuração correspondente. Portanto, a unidade para um processo servidor *httpd* (como o Apache) será `httpd.service` e seu arquivo de configuração também se chamará `httpd.service`.

Existem sete tipos diferentes de unidades:

- **service**: o tipo mais comum, onde serviços podem ser iniciados, interrompidos, reiniciados e recarregados.
- **socket**: esse tipo de unidade pode ser um socket no sistema de arquivos ou na rede. Cada unidade do tipo socket possui uma unidade do tipo service correspondente, que é iniciada somente quando uma conexão chega à unidade socket.
- **device**: uma unidade para um dispositivo presente na árvore de dispositivos do Linux. Um dispositivo é exposto como unidade do systemd se houver uma

regra do *udev* com essa finalidade. Propriedades definidas na regra udev podem ser utilizadas como configurações para determinar dependências em unidades de dispositivo.

- **mount**: um ponto de montagem no sistema de arquivos.
- **automount**: um ponto de montagem automática no sistema de arquivos. Cada unidade automount possui uma unidade mount correspondente, que é iniciada quando o ponto de montagem automática é acessado.
- **target**: agrupamento de unidades, de forma que sejam controladas em conjunto. A unidade *multi-user.target*, por exemplo, agrega as unidades necessárias ao ambiente multi-usuário. É correspondente ao nível de execução número 5 em um ambiente controlado por *SysV*.
- **snapshot**: é semelhante à unidade target. Apenas aponta para outras unidades.

Interagir com unidades do systemd

O principal comando para administração das unidades do systemd é o **systemctl**. Tomando como exemplo a unidade `httpd.service`, as ações mais comuns na tabela a seguir:

Parâmetros do systemctl

Ação	Comando
Iniciar o serviço	`systemctl start httpd.service`
Interromper o serviço	`systemctl stop httpd.service`
Reiniciar o serviço	`systemctl restart httpd.service`
Exibir o estado do serviço, incluindo se está ou não ativo	`systemctl status httpd.service`
Iniciar o serviço no boot	`systemctl enable httpd.service.`
Retirar o serviço do boot	`systemctl disable httpd.service`
Verificar se o serviço é ativado no boot (0 é ativado, 1 é desativado)	`systemctl is-enabled httpd.service; echo $?`

Alterando o nível de execução

O systemd não trabalha com o conceito de níveis de execução. Sua abordagem é utilizar um target para cada situação como login gráfico, multi-usuário etc.

O correspondente ao nível de execução 3 (multi-usuário) é o target *multi-user*. O comando `systemctl isolate` alterna entre os diferentes targets. Portanto, para manualmente alternar para o target multi-user, utiliza-se:

```
systemctl isolate multi-user.target
```

Para facilitar o entendimento, há targets de correspondência para cada nível de execução tradicional, que vão do *runlevel0.target* ao *runlevel6.target*. Apesar disso, o systemd não utiliza o arquivo `/etc/inittab`. Para alterar o alvo padrão do systemd, pode ser incluída a opção `systemd.unit` nos parâmetros de carregamento do kernel. Por exemplo, para definir o alvo multi-user.target como o alvo padrão:

```
systemd.unit=multi-user.target
```

Os parâmetros do kernel podem ser alterados no arquivos de configuração do carregador de boot. Outra maneira de alterar o alvo padrão do systemd é redefinir o link simbólico `/etc/systemd/system/default.target`, que apontapada um alvo. A definição do link pode ser feita com o comando systemctl:

```
# systemctl set-default -f multi-user.target
```

A opção `-f` força a substituição de um alvo padrão já definido. Como no casodos sistemas que utilizam o padrão SysV, deve-se ter cuidado para não definira alvo padrão para `shutdown.target`, que corresponde ao nível de execução 0(desligamento)..

Os targets disponíveis encontram-se no diretório `/lib/systemd/system/`. O comando `systemctl list-units --type=target` exibe todos os targets carregados e ativos.

Upstart

O *upstart* é um gerenciador de serviços utilizado como substituto ao tradicional *init*. Como o systemd, seu principal objetivo é tornar o boot mais rápido ao carregar os serviços paralelamente. Atualmente, o sistema operacional Linux mais popular a adotar o upstart é o *Ubuntu*.

Os scripts de inicialização utilizados pelo upstart localizam-se no diretório `/etc/init`.

Controle dos serviços com Upstart

Os serviços do sistema são listados com o comando `initctl list`. Também são exibidos o estado do serviço e o número do processo (se ativo):

```
# initctl list
avahi-daemon start/running, process 483
mountall-net stop/waiting
rc stop/waiting
rsyslog start/running, process 432
tty4 start/running, process 801
udev start/running, process 291
upstart-udev-bridge start/running, process 283
ureadahead-other stop/waiting
whoopsie start/running, process 863
apport start/running
console-setup stop/waiting
hwclock-save stop/waiting
irqbalance stop/waiting
plymouth-log stop/waiting
tty5 start/running, process 811
failsafe stop/waiting
```

Cada ação do upstart possui um comando independente. Por exemplo, para iniciar o sexto terminal virtual com o comando `start`:

```
start tty6
```

Verificar seu status com o comando `status`:

```
status tty6
tty6 start/running, process 3282
```

E interrompê-lo com o comando `stop`:

```
stop tty6
```

O upstart não utiliza o arquivo `/etc/inittab` para definir os níveis de execução, mas os comandos tradicionais `runlevel` e `telinit` são utilizados para verificar e alternar entre os níveis de execução.

Exercícios

Questões Tópico 101

1. Qual comando pode ser usado para inspecionar o hardware geral do sistema?

a. *ls*
b. *lspci*
c. *find*
d. *hwlook*

2. Como é possível verificar quais módulos estão carregados pelo sistema?

a. Com o comando *depmod*.
b. Lendo o arquivo /etc/modprobe.conf.
c. Com o comando *lsmod*.
d. Com o comando *uname -m*.

3. A saída abaixo:

```
Bus 002 Device 003: ID 046d:c016 Logitech, Inc. M-UV69a/HP M-UV96 Optical
↳ Wheel Mouse
Bus 002 Device 002: ID 413c:2005 Dell Computer Corp. RT7D50 Keyboard
Bus 002 Device 001: ID 1d6b:0001 Linux Foundation 1.1 root hub
```

corresponde à execução de qual comando?

a. *lsusb*
b. *cat /proc/devices*
c. *lspci*
d. *cat /dev/usb*

4. Dispositivos hotplug são dispositivos:

a. mais caros, de melhor desempenho.
b. que aquecem, prejudicando o funcionamento da máquina.
c. que devem ser conectados com a máquina desligada.
d. que podem ser conectados com a máquina em funcionamento.

5. Qual o caminho completo para a segunda partição de um disco IDE conectado ao primeiro canal IDE?

6. Qual opção deve ser passada, para o kernel para limitar o total de memória disponível para o sistema?

a. memlimit

b. mem

c. limit

d. totalmem

7. Qual nível de execução corresponde ao desligamento do sistema?

a. 0

b. 1

c. 2

d. 3

8. Qual comando é usado para verificar o nível de execução atual do sistema? Dê somente o comando, sem argumentos.

9. Quais comandos podem ser utilizados para desligar o computador corretamente? Marque todos as respostas corretas.

a. shutdown

b. telinit

c. ctrlaltdel

d. powerdown

10. Qual linha do arquivo /etc/inittab define o nível de execução padrão do sistema?

a. xx:default:2

b. xx:initdefault:3

c. xx:3:initdefault

d. xx:telinit:3

Peso total do tópico na prova: 11

Tópico 102:

Instalação do Linux e administração de pacotes

Principais temas abordados:

- Elaboração de esquema de partições para o Linux;
- Configuração e instalação de um gerenciador de inicialização;
- Controle de bibliotecas compartilhadas por programas;
- Utilização dos sistemas de pacotes Debian e RPM.

102.1 Dimensionar partições de disco

Peso 2

No Linux, todos os sistemas de arquivos em partições são acessados por um processo chamado montagem. Nele, uma determinada partição de dispositivo de armazenamento é vinculada a um diretório, chamado ponto de montagem.

Sistema de arquivos raiz

O principal ponto de montagem é a chamada *raiz da árvore de diretórios* ou simplesmente *raiz*, e é representada por uma barra (/). É necessariamente o primeiro diretório a ter seu dispositivo vinculado. Após a partição ser identificada com o código hexadecimal **83** (representado por 0x83, *Linux Native*) e formatada é que os arquivos do sistema operacional poderão ser copiados. Todo esse processo é feito de forma quase transparente pelo utilitário de instalação das distribuições atuais. Depois de montada a raiz, os diretórios contidos nesse dispositivo poderão ser pontos de montagem para outros dispositivos.

Ordem de montagem dos sistemas de arquivo a partir do boot:

- O carregador de boot (Grub ou Lilo) carrega o kernel e transmite as informações sobre a localização do dispositivo raiz;
- Com a raiz montada, os demais dispositivos são montados conforme as instruções encontradas no arquivo `/etc/fstab`.

É muito importante que o arquivo `/etc/fstab` esteja no sistema de arquivos do dispositivo raiz. Caso contrário, não será possível montar os demais sistemas de arquivo, dado que as informações de montagem destes não serão encontradas.

Em geral, duas partições são o mínimo exigido em sistemas Linux tradicionais. Uma será a raiz e a outra será a partição de *swap*. Pode ser necessária uma terceira partição pequena, criada no início do disco, apenas para armazenar o kernel e o carregador de inicialização secundário. Fora essas, não há regras inflexíveis quanto à criação de partições, devendo ser avaliado o melhor esquema para a função que o sistema desempenhará.

Swap e memória RAM

O espaço de swap é utilizado somente quando não há mais memória RAM disponível, evitando possíveis falhas e até travamentos de sistema. Quando a memória RAM é insuficiente, o próprio sistema se encarrega de colocar na swap aqueles dados de memória que não estão sendo utilizados no momento. Contudo, muitos dados em swap significam um sistema muito lento, pois o tempo de leitura e escrita em disco é muito maior quando comparado à memória RAM. Portanto, alocar mais espaço de swap num sistema com pouca memória RAM não será solução para melhor desempenho.

A partição swap

Todos os programas em execução, bibliotecas e arquivos relacionados são mantidos na memória do sistema para tornar o acesso a eles muito mais rápido. Contudo, se esses dados alcançarem o tamanho máximo de memória disponível, todo o funcionamento ficará demasiado lento e o sistema poderá até travar. Por esse motivo, é possível alocar um espaço em disco que age como uma memória adicional, evitando a ocupação total da memória RAM e possíveis travamentos. No Linux, esse espaço em disco é chamado *Swap* e deve ser criado numa partição separada das partições de dados convencionais.

Uma partição swap é identificada pelo código hexadecimal 82 (0x82), atribuído na sua criação. Geralmente, o tamanho da partição swap corresponde ao dobro da quantidade de memória RAM presente no sistema. Essa regra, apesar de não ser prejudicial, não fará diferença em sistemas com vários gigabytes de memória RAM. Apesar de não ser comum, é possível utilizar mais de uma partição de swap no mesmo sistema.

É recomendável criar partições de swap nos dispositivos mais velozes. Se possível, em dispositivos distintos daqueles cujos dados sejam frequentemente acessados pelo sistema. Também é possível criar grandes arquivos como área de swap, o que é geralmente feito em situações emergenciais, quando o sistema ameaça ficar sem memória disponível.

Diretórios em outras partições

Diretório	Finalidade
`/var`	Esse diretório contém as filas de email, impressão e bancos de dados, dados que são muito manipulados. Ele abriga também os arquivos de log, cujo conteúdo está em constante alteração e crescimento.
`/tmp`	Espaço temporário utilizado por programas. Uma partição distinta para `/tmp` impedirá que dados temporários ocupem todo o espaço no diretório raiz, o que pode causar travamento do sistema.
`/home`	Contém os diretórios e arquivos pessoais dos usuários. Uma partição distinta ajuda a limitar o espaço disponível para usuários comuns e evita que ocupem todo o espaço disponível no dispositivo.
`/boot`	Ponto de montagem para a partição contendo o kernel e arquivos do bootloader Grub. A separação desse diretório é necessária apenas nos casos em que a arquitetura da máquina exija que o kernel esteja antes do cilindro 1024 do disco rígido. Também é necessária quando o bootloader não for capaz de trabalhar com o sistema de arquivos utilizado na partição raiz.
`/usr`	Programas, códigos-fonte e documentação. O ciclo de alteração desses arquivos é longo, mas colocá-los em um dispositivo distinto reduz a intensidade de acesso num mesmo dispositivo e pode aumentar a performance.

Outros pontos de montagem

Tudo no sistema pode ficar alojado diretamente na partição raiz. Em certos casos, porém, é interessante criar uma partição distinta para alguns diretórios específicos, principalmente em servidores que sejam muito exigidos.

Sugestões de diretórios que podem estar em outros dispositivos/partições são mostrados na tabela **Diretórios em outras partições.**

Alguns diretório e arquivos não devem estar fora da partição raiz, como é o caso do `/etc`, `/bin`, `/sbin` e os diretórios especiais, como `/dev`, `/proc`, `/sys`. Esses diretórios e os arquivos que eles contêm são necessários para que o sistema inicie e possa montar os demais dispositivos.

LVM

O LVM – *Logical Volume Management* – é um método que permite interagir com os dispositivos de armazenamento de maneira integrada, sem lidar com peculiaridades inerentes ao hardware. Com o LVM, é possível redimensionar e incluir espaço sem necessidade de reparticionamento ou de mexer nos dados armazenados.

Um esquema LVM pode ser dividido em cinco elementos fundamentais:

- VG: *Volume Group*. Nível mais alto de abstração do LVM. Reúne a coleção de volumes lógicos (LV) e volumes físicos (PV) em uma unidade administrativa.
- PV: *Phisical Volume*. Tipicamente um disco rígido, uma partição do disco ou qualquer dispositivo de armazenamento de mesma natureza, como um dispositivo RAID.
- LV: *Logical Volume*. O equivalente a uma partição de disco tradicional. Tal qual uma partição tradicional, deve ser formatado com um sistema de arquivos.
- PE: *Physical Extent*. Cada volume físico é dividido em pequenos "pedaços", chamados PE. Possuem o mesmo tamanho do LE (Logical Extent).
- LE: *Logical Extent*. Semelhante ao PE, cada volume lógico também é dividido em pequenos "pedaços", chamados LE. Seu tamanho é o mesmo para todos os volumes lógicos.

Criação de um Volume Group

O kernel mantém as informações de LVM em um cache, gerado pelo comando `vgscan`. Este comando deve ser executado mesmo que ainda não existam partições LVM, circunstância em que será criado um cache vazio.

Em seguida, os PVs devem ser iniciados. É muito importante assegurar que as partições utilizadas estão vazias, para evitar qualquer perda acidental de dados. Por exemplo, para criar PV nas partições `/dev/sdb1` e `/dev/sdb2`:

```
# pvcreate /dev/sdb1
Physical volume "/dev/sdb1" succesfully created
# pvcreate /dev/sdb2
Physical volume "/dev/sdb2" succesfully created
```

Como os PV iniciados, um novo grupo de volumes pode se criado. Para criar um grupo de volumes chamado *meulvm*, como o comando `vgcreate`:

```
vgcreate meulvm /dev/sdb1 /dev/sdb2
```

Os PV são indicados em sequência, após o nome do VG. Diversas opções, como o tamanho de PE, podem ser indicadas. Na sua ausência, valores padrão são utilizados. Após a criação do VG, sua ativação para uso é feita com o comando `vgchange`:

```
vgchange -a y meulvm
```

Informações técnicas do VG recém criado – como tamanho e espaço disponível – são exibidas com o comando `vgdisplay`, indicando como parâmetro o nome do VG em questão.

Inclusão de volumes

Os LV são criados dentro de um VG ativo que possua espaço livre disponível. O tamanho do LV pode ser especificado em número de *extents* com a opção `-l` ou em MB com a opção `-L`. Por exemplo, para criar um LV de 500 MB no VG meulvm:

```
lvcreate -L 500 meulvm
```

Como não foi especificado um nome para o LV, um padrão numerado será utilizado. Caso seja o primeiro LV no VG, será nomeado como *lvol0*, se for o segundo, será nomeado *lvol1* e assim por diante. Sua localização no sistema de arquivos será dentro do diretório do VG em `/dev`: `/dev/meulvm/lvol0`, `/dev/meulvm/lvol1` etc.

Com os LV prontos, os sistemas de arquivos podem ser criados com os comandos tradicionais como o *mkfs*.

102.2 Instalar o gerenciador de inicialização

Peso 2

O gerenciador de inicialização – ou simplesmente *bootloader* – é o componente responsável por localizar e carregar o kernel Linux. Ele desempenha o estágio intermediário entre o fim dos procedimentos do BIOS e o início do sistema operacional.

Logo após finalizar os procedimentos básicos de diagnóstico da máquina, o BIOS carrega para a memória os dados presentes na MBR do disco definido como dispositivo de boot. Esses dados correspondem a um programa bastante simples – o carregador de boot – que deverá tomar conta da máquina a partir daquele momento.

A MBR (*Master Boot Record* ou Registro Mestre de Inicialização) ocupa o primeiro setor do disco (512 bytes). Esse primeiro setor contém a tabela de partições e o carregador de inicialização. Assim que é carregado pelo BIOS, o bootloader lê as configurações (que podem estar gravadas no próprio MBR ou dentro de uma partição) e a partir delas localiza e carrega o Kernel.

Atualmente, a maioria das distribuições Linux utiliza o Grub como carregador de boot. A versão tradicional do Grub, chamada *legacy*, está gradualmente sendo substituída por sua implementação mais moderna, chamada *Grub2*.

GRUB Legacy

O GRUB (Grand Unified Bootloader) é hoje o carregador de boot mais utilizado pelas distribuições Linux. Debian, Ubuntu, Fedora etc. o utilizam como carregador de boot padrão.

Ele também é instalado na MBR, com o comando comando `/sbin/grub-install`, que obtêm as instruções a partir do arquivo de configuração `/boot/grub/menu.lst`.

O arquivo pode ser dividido em duas partes. Uma trata das configurações gerais do carregador de boot e a outra define cada opção de inicialização e suas configurações.

Principais opções globais de `/boot/grub/menu.lst`:

- **default**: opção padrão a ser inicializada (começando por 0);
- **timeout**: tempo de espera para iniciar o boot, em segundos;

Opções individuais para cada opção de boot:

- **title**: nome para o item;
- **root**: localização do carregador de segundo estágio e do kernel (hd0,0 equivale a `/dev/hda` ou `/dev/sda`, de acordo com tipo de dispositivo instalado);
- **kernel**: caminho para o kernel (relativo à opção root);
- **ro**: montar inicialmente em modo somente leitura;
- **initrd**: caminho para a imagem initrd.

A grande vantagem do GRUB em relação ao Lilo é dispensar a reinstalação na MBR toda vez que a configuração for alterada. Isso só é possível porque o carregador de boot instalado na MBR pelo GRUB é capaz de localizar o arquivo de configuração diretamente na partição de origem.

GRUB2

GRUB2 é o sucessor do GRUB. Diferentemente de outros saltos de versão, onde atualizações não representam mudanças estruturais drásticas, o GRUB2 está totalmente reescrito. Apesar de manter muitas semelhanças com o GRUB Legacy, praticamente todos os seus aspectos estão modificados.

Dentre as melhorias trazidas pelo GRUB2, destacam-se:

- Suporte a scripts com instruções condicionais e funções;
- Carregamento dinâmico de módulos;
- Modo de recuperação;
- Menus personalizados e temas;
- Carregar LiveCD a partir do disco rígido;
- Suporte a plataformas diferentes da x86;
- Suporte universal a UUIDs.

Diferenças entre GRUB2 e GRUB Legacy

Para o usuário final, não há diferenças entre o GRUB2 e o GRUB Legacy. O menu de boot ainda é muito parecido e as atualizações continuam transparentes.

Já o administrador do sistema precisa ficar atento a algumas diferenças importantes:

- Ausência do arquivo `/boot/grub/menu.lst`, substituído por `/boot/grub/grub.cfg` (em alguns casos, pode estar em `/etc/grub2/`). Este, por sua vez, é gerado automaticamente e não deve ser editado diretamente;
- O comando do Grub `find boot/grub/stage1` não existe mais. O estágio 1.5 foi eliminado;
- No GRUB2, o principal arquivo de configuração para modificar do menu de boot é o `/etc/default/grub`;
- Configurações avançadas são definidas em arquivos separados localizados no diretório `/etc/grub.d/`.
- A numeração das partições inicia a partir do 1 e não mais de 0;
- A inclusão de diferentes kernels Linux e outros sistemas operacionais – como Windows – é feita automaticamente.

A atualização do menu de inicialização do grub – a inclusão de novos kernels e alterações feitas em `/etc/default/grub` – só acontecerá com a execução do comando `update-grub`.

O comando `update-grub` pode se chamar `update-grub2` em algumas distribuições ou até pode estar ausente. Nesses casos, utilize `grub-mkconfig -o /boot/grub/grub.cfg` ou `grub2-mkconfig -o /boot/grub2/grub.cfg`, conforme for apropriado.

Configurações

Todas as alterações mais triviais são feitas no arquivo /etc/default/grub. É a partir desse arquivo que será gerado o arquivo `/boot/grub/grub.cfg`, que em vários aspectos corresponderia ao antigo `menu.lst`. O propósito do `/etc/default/grub` é tornar a edição mais simples e afastar as configurações internas do grub para o arquivo `/boot/grub/grub.cfg`.

Mesmo após atualizações de kernel, a tendência é que esse arquivo permaneça inalterado. Seu conteúdo não está vinculado a nenhum kernel específico, como no caso do *Ubuntu* :

```
GRUB_DEFAULT=0
GRUB_HIDDEN_TIMEOUT=0
GRUB_HIDDEN_TIMEOUT_QUIET=true
GRUB_TIMEOUT=10
GRUB_DISTRIBUTOR=`lsb_release -i -s 2> /dev/null || echo Debian`
GRUB_CMDLINE_LINUX_DEFAULT="quiet splash"
GRUB_CMDLINE_LINUX=""
```

Para outras distribuições, como a Fedora, poucas diferenças podem ser notadas:

```
GRUB_TIMEOUT=6
GRUB_DISTRIBUTOR="Fedora"
GRUB_DEFAULT=saved
GRUB_CMDLINE_LINUX="rd.md=0 rd.lvm=0 rd.dm=0 LANG=pt_BR.UTF-8 quiet
↪SYSFONT=latarcyrheb-sun16 rhgb rd.luks=0 KEYTABLE=br-abnt2"
```

Trata-se de definições gerais, aplicáveis ao comportamento do menu de boot e aos kernels em geral. A seguir estão listadas as principais definições do arquivo /etc/grub/default:

- **GRUB_DEFAULT**: o sistema iniciado por padrão. Pode ser a ordem numérica (começando por 0), o nome como definido no arquivo `grub.cfg`, ou *saved*, para utilizar sempre a última escolha.
- **GRUB_SAVEDEFAULT**: se definido como *true* e a opção GRUB_DEFAULT for *saved*, a último item escolhido será utilizado como padrão.
- **GRUB_HIDDEN_TIMEOUT**: quantos segundos aguardar sem exibir o menu do grub. Durante esse período, o menu só aparecerá ao pressionar uma tecla.
- **GRUB_HIDDEN_TIMEOUT_QUIET**: se *true*, não será exibido um contador mostrando o tempo restante para chamar o menu.
- **GRUB_TIMEOUT**: tempo em segundos para exibição do menu do Grub. Se o valor for -1, o menu será exibido até que o usuário faça uma escolha.
- **GRUB_DISTRIBUTOR**: nome descritivo para o item.
- **GRUB_CMDLINE_LINUX**: linha de parâmetros para o kernel (*cmdline*). Nessa opção os parâmetros serão utilizados tanto para o modo normal quanto para o modo de recuperação.
- **GRUB_CMDLINE_LINUX_DEFAULT**: linha de parâmetros para o kernel (cmdline). Nessa opção, os parâmetros serão utilizados apenas para o modo normal.

- **GRUB_DISABLE_LINUX_UUID**: se *true*, não localizar dispositivos por UUID.
- **GRUB_GFXMODE**: resolução da tela para o menu do grub e subsequente inicialização, por exemplo 1024x768. A profundidade de cor também pode ser especificada no formato 1024x768x16, 1024x764x24 etc. Dependendo do tipo de vídeo e monitor, nem todas as resoluções podem ser usadas. Para contornar esse problema, uma lista de resoluções separadas por vírgula pode ser especificada. Caso uma resolução não possa ser utilizada, a seguinte será utilizada até que uma delas funcione corretamente.
- **GRUB_DISABLE_LINUX_RECOVERY**: se *true*, não exibe a opção para recuperação do sistema.
- **GRUB_INIT_TUNE**: tocar um som no speaker interno antes de exibir o menu do Grub. O formato é *tempo hertz duração*, onde *tempo* corresponde às batidas por minuto (60/tempo), *hertz* à frequência do som seguido de sua *duração* (em unidades de *tempo*). O tempo é definido apenas uma vez, mas podem haver mais de um par de hertz seguidos de duração.
- **GRUB_DISABLE_OS_PROBER**: descarta a busca automática por outros sistemas operacionais.

Após alterar o arquivo `/etc/default/grub`, o arquivo de configuração principal `grub.cfg` deve ser gerado novamente. Como já mencionado, se o comando `update-grub` não estiver disponível, utilize `grub-mkconfig -o /boot/grub/grub.cfg` ou `grub2-mkconfig -o /boot/grub2/grub.cfg`, conforme for apropriado.

Dispositivos de inicialização alternativos

Mesmo que não exista um carregador de boot apropriado instalado no MBR ou exista alguma falha que prejudique seu funcionamento, é possível iniciar o sistema utilizando uma mídia alternativa, como um Live CD de distribuição ou um pendrive preparado para isso.

A maioria das distribuições Linux fornece CDs ou DVDs de inicialização para instalação do sistema. Essas mídias podem ser usadas para acessar e inicializar um sistema já instalado e que possa estar inacessível por uma eventual falha do carregador de inicialização. Após realizar o boot com uma mídia alternativa, os arquivos de configuração do sistema estarão acessíveis e poderão ser alterados para corrigir possíveis problemas.

Boa prática é fazer uma cópia da MBR, para restaurá-la no caso de ser sobrescrita por outro sistema operacional.

Para fazer um becape da MBR, basta copiar os primeiros 512 bytes do disco, o que pode ser feito com o comando `dd`:

```
dd if=/dev/hda of=mbr.backup bs=1 count=512
```

Esse becape pode ser guardado e depois restaurado para a MBR:

```
dd if=mbr.backup of=/dev/hda
```

102.3 Controle das bibliotecas compartilhadas

Peso 1

Funções comuns e compartilhadas por diferentes programas são armazenadas em arquivos chamados bibliotecas. Para compilar um programa é necessário que as bibliotecas do sistema possam ser localizadas por cada componente, que cria um vínculo entre suas próprias funções e as funções nas bibliotecas.

O vínculo pode ser estático ou dinâmico, ou seja, as funções de uma biblioteca poderão estar embutidas no programa compilado ou apenas mapeadas para a biblioteca externa. Programas estáticos não dependem de arquivos externos, porém são maiores que programas dinâmicos.

Identificar bibliotecas compartilhadas

Para conhecer as bibliotecas necessárias a um programa é utilizado o comando `ldd`:

```
$ ldd /usr/bin/vi
        linux-gate.so.1 =>  (0xffffe000)
        libtermcap.so.2 => /lib/libtermcap.so.2 (0xb80af000)
        libresolv.so.2 => /lib/libresolv.so.2 (0xb809c000)
        libc.so.6 => /lib/libc.so.6 (0xb7f50000)
        /lib/ld-linux.so.2 (0xb80cf000)
```

O programa `vi`, um editor de textos simples, requer algumas poucas bibliotecas. Na saída mostrada, todas as bibliotecas foram localizadas com sucesso. Portanto, o programa carregará corretamente.

Se copiarmos esse mesmo programa de uma outra distribuição, onde fora compilado com outras bibliotecas, o programa não funcionará corretamente, pois aquelas bibliotecas de que precisa podem não ser encontradas:

```
$ ldd ./vi
        linux-gate.so.1 =>  (0xffffe000)
        libncurses.so.5 => /lib/libncurses.so.5 (0xb7fed000)
        libselinux.so.1 => not found
```

```
    libc.so.6 => /lib/libc.so.6 (0xb7ea1000)
    libdl.so.2 => /lib/libdl.so.2 (0xb7e9d000)
    /lib/ld-linux.so.2 (0xb8048000)
```

Podemos identificar que não foi possível localizar uma das bibliotecas – `libselinux.so.1` –, portanto o programa não funcionará corretamente ou simplesmente não poderá ser executado. A melhor solução para esses casos é instalar o programa apropriado para a distribuição utilizada, mas podem haver casos em que a instalação manual de cada biblioteca é necessária.

Localização das bibliotecas

O programa responsável por carregar a biblioteca e ligá-la ao programa que dela depende é o `ld.so`, que é invocado por um programa toda vez que este necessita de uma função localizada numa biblioteca externa.

O ld.so consegue localizar a biblioteca em questão com auxílio do mapeamento encontrado no arquivo `/etc/ld.so.cache`. As localidades-padrão de bibliotecas de sistema são `/lib` e `/usr/lib`. Diretórios contendo bibliotecas adicionais devem ser incluídos no arquivo `/etc/ld.so.conf`. Há distribuições que possuem o diretório `/etc/ld.so.conf.d/`, que pode possuir outros arquivos com localizações de bibliotecas.

A execução do comando `ldconfig` é fundamental para que as alterações em `/etc/ld.so.conf` atualizem o `/etc/ld.so.cache`, que por sua vez possa ser utilizado pelo `ld.so`.

Outra maneira de deixar uma localização de biblioteca ao alcance do `ld.so` é adicionar seu respectivo caminho à variável de ambiente `LD_LIBRARY_PATH`, com o comando `export LD_LIBRARY_PATH=caminho_da_biblioteca`. Esse método, porém, garante apenas o acesso temporário do `ld.so` ao diretório em questão. Não funcionará fora do escopo da variável de ambiente ou quando a variável deixar de existir, mas é um método útil para usuários que não podem alterar o `/etc/ld.so.conf` ou para a execução pontual de programas.

102.4 Utilização do sistema de pacotes Debian

Peso 3

O sistema de pacotes Debian – utilizado por diversas distribuições, como Ubuntu – torna possível a instalação de praticamente todos os programas disponíveis para Linux sem que o usuário precise preocupar-se com bibliotecas ou com outros programas necessários.

Cada pacote de programa, com extensão `.deb`, traz internamente as informações sobre todos os programas e bibliotecas dos quais depende.

As principais ferramentas de administração de pacotes `.deb` são:

- `dpkg`: Comando para instalação de pacotes individuais;
- `apt-get`: Busca um pacote em repositórios remotos e o instala, assim como as suas dependências;
- `aptitude`: Alternativa ao `apt-get`. Agrega algumas outras funções.

Instalação, remoção e atualização de pacotes

O grande trunfo de utilizar um sistema de pacotes como esse é a possibilidade de resolver dependências, ou seja, se o pacote a ser instalado necessitar de outros programas ou bibliotecas ausentes no sistema, estas poderão ser automaticamente baixadas e instaladas.

Repositórios

Para usufruir da resolução automática de dependências, é necessário discriminar corretamente a origem dos pacotes, que deve ser apropriada para a sua distribuição. Essas origens são determinadas pelo arquivo `/etc/apt/sources.list` e, em alguns casos, em arquivos adicionais no diretório `/etc/apt/sources.list.d/`.

Cada linha do arquivo `/etc/apt/sources.list` determina um repositório. Por exemplo, a linha `deb http://ftp.br.debian.org/debian/ lenny main contrib non-free` especifica o repositório deb da distribuição Debian em um servidor no Brasil. O termo *lenny* identifica a versão da distribuição, e os três últimos termos – *main, contrib, non-free* – determinam a categoria dos pacotes a serem baixados.

Cada distribuição possui repositórios próprios, oficiais e não-oficiais. Depois de alterar o arquivo `/etc/apt/sources.list`, é necessário executar o comando `apt-get update` ou `aptitude update` para que as informações dos pacotes e dependências disponibilizados por cada repositório sejam baixados e atualizados localmente.

Instalação

Para procurar programas, pode ser utilizado o comando `apt-cache search nome_do_programa` ou `aptitude search nome_do_programa`. Não é necessário indicar o nome exato do programa, pois qualquer termo que ocorra na descrição do pacote também será consultado.

Se nenhum resultado aparecer, é possível que os índices não tenham sido atualizados com apt-get update ou que o programa procurado não exista nos repositórios indicados em `/etc/apt/sources.list`.

A instalação pode ser feita com `apt-get install nome_do_programa ou aptitude install nome_do_programa`. Caso haja pendências, o administrador será consultado em relação à instalação desses programas. As dependências não instaladas serão automaticamente copiadas e instaladas.

Para instalar pacotes copiados separadamente, sem recorrer aos repositórios, é usado o programa `dpkg`:

```
dpkg -i virtualbox-2.2_2.2.2-46594_Ubuntu_jaunty_i386.deb
```

Em alguns casos, a instalação de um pacote também apresentará um assistente de configuração. Caso seja necessário reconfigurar o pacote futuramente, utiliza-se o comando `dpkg-reconfigure`:

```
dpkg-reconfigure virtualbox-2.2
```

Remoção

A remoção de programas é feita pelo próprio apt-get. O comando `apt-get remove nome_do_programa` desinstala o programa. De forma semelhante, o comando `aptitude remove nome_do_programa` produz o mesmo resultado. Para remover o pacote e também os arquivos de configuração relacionados, é utilizado o comando `apt-get remove --purge nome_do_pacote`.

Atualização de programas

Atualizar pacotes é tão ou mais simples que instalá-los. Para atualizar um programa para sua última versão disponível nos repositórios é usado o comando `apt-get upgrade nome_do_pacote`.

Para realizar uma atualização completa de todos os pacotes que possuem novas versões no repositório, basta utilizar o comando `apt-get upgrade` ou `aptitude upgrade`*.

Inspeção de pacotes

Além de proporcionar grande facilidade para instalar, remover e desinstalar programas, o sistema de pacotes do Debian permite fazer diversos tipos de inspeção nos pacotes.

Comandos úteis para fins de inspeção de pacotes estão na tabela **Comandos de inspeção**.

102.5 Utilização do sistema de pacotes RPM e YUM

Peso 3

Semelhante ao sistema de pacotes Debian, existe o sistema de pacotes RPM. Originalmente desenvolvido para a distribuição Red Hat, hoje ele também é usado em distribuições como Fedora, CentOS, entre outras.

O comando RPM

O principal comando de administração de pacotes é o `rpm`. Sua aplicação é semelhante a do dpkg no sistema de pacotes Debian, que é instalar pacotes individualmente. Algumas abreviações de opções do rpm são parecidas, porém realizam diferentes ações, dependendo de sua posição na linha de comando.

A distinção é feita a partir da primeira opção da esquerda para a direita. O primeiro argumento passado ao comando rpm é o argumento principal. As demais são as subopções do argumento principal.

Um pacote `.rpm` pode ser instalado simplesmente invocando o comando `rpm -ivh nome_do_pacote.rpm`. Veja na tabela **Principais opções do rpm** os argumentos mais utilizados.

As subopções do comando rpm modificam a maneira como a opção principal atua, principalmente em relação à opção `-q` (investigação de pacotes). A tabela **Principais subopções do rpm** mostra algumas dessas subopções.

Outras opções muito importantes do rpm são:

- `--nodeps`: Instala o pacote sem verificar as dependências;
- `--force`: Força a instalação/atualização.
- `--test`: Mostra como seria a instalação, mas não instala;
- `--requires`: Com opção principal "*q*", mostra as exigências para o pacote especificado;
- `--whatrequires`: Com opção principal "*q*", mostra quais programas dependem do pacote.

Comandos de inspeção

Comando	Finalidade
`dpkg -l nome_do_pacote`	Mostra estado do pacote, se está instalado e se há algum problema na instalação.
`dpkg -S nome_do_arquivo`	Procura qual pacote instalou o arquivo especificado.
`dpkg -L nome_do_pacote`	Lista os arquivos instalados pelo pacote especificado.
`dpkg --contents pacote.deb`	Lista o conteúdo do pacote especificado.
`apt-cache show nome_do_programa`	Mostra a descrição e os detalhes sobre o pacote do programa especificado.

Atualização dos repositórios

Para que as informações sobre as novas versões de programas sejam encontradas, é necessário manter a base de informações locais sobre os repositórios remotos atualizada. Isso é feito com o comando *apt-get update* ou *aptitude update*. É conveniente programar a execução periódica de um desses comandos para evitar a perda de atualizações importantes.

Conversão e extração

Uma das formas de listar o conteúdo de um pacote RPM é utilizando o comando `rpm2cpio`. Esse comando simplesmente mostra na saída padrão o conteúdo do arquivo RPM no formato `cpio`. Dessa forma, podemos listar todo o conteúdo de um arquivo ou mesmo extrair algum arquivo específico.

Por exemplo, para listar o conteúdo do pacote `VirtualBox-2.2.2_46594_fedora11-1.i586.rpm`, usamos:

```
$ rpm2cpio VirtualBox-2.2.2_46594_fedora11-1.i586.rpm | cpio -t
./etc/rc.d/init.d/vboxdrv
./etc/vbox
./lib/modules
./lib/modules/2.6.29.1-102.fc11.i586
./lib/modules/2.6.29.1-102.fc11.i586/misc
./lib/modules/2.6.29.1-102.fc11.i586/misc/vboxdrv.ko
./lib/modules/2.6.29.1-102.fc11.i586/misc/vboxnetflt.ko
(...)
```

Principais opções do rpm

Argumento	Finalidade
`-i` ou `--install`	Instala o pacote.
`-U` ou `--update`	Atualiza ou instala o pacote.
`-F` ou `--freshen`	Atualiza o pacote apenas se já estiver instalado.
`-V` ou `--verify`	Verifica o tamanho, permissões, tipo, integridade etc.
`-q` ou `--query`	Investiga pacotes e arquivos.
`-e` ou `--erase`	Desinstala o pacote.

Principais subopções do rpm

Sub-opção	Finalidade
a	Aplica uma variável a todos os pacotes instalados.
c	Com opção principal "*q*", lista arquivos de configuração.
d	Com opção principal "*q*", lista arquivos de documentação.
f	Com opção principal "*q*", verifica qual pacote instalou o arquivo referido.
h	Mostra o progresso do procedimento solicitado.
i	Com opção principal "*q*", lista informações sobre um determinado pacote.
l	Com opção principal "*q*", lista todos os arquivos e diretórios do pacote.
p	Com opção principal "*q*", indica que a investigação é realizada no arquivo .rpm.
v	Modo mais descritivo.

Para extrair um ou mais arquivos específicos de dentro de um pacote RPM, usamos as opções -i e -d. A opção -i determina a extração, a opção -d obriga a criação da árvore de diretório como contida no pacote RPM, e a opção -v informa o progresso da operação:

```
$ rpm2cpio VirtualBox-2.2.2_46594_fedora11-1.i586.rpm | cpio -ivd '*pdf'
```

Com esse comando, todo arquivo PDF contido no pacote será extraído para dentro da árvore de diretórios correspondente:

```
./usr/share/doc/VirtualBox-2.2.2_46594_fedora11/UserManual.pdf
```

O único arquivo PDF encontrado, UserManual.pdf, foi extraído para sua pasta correspondente, mas dentro da pasta em que o comando foi executado.

O gerenciador YUM

O comando yum é semelhante ao comando apt-get do Debian. Ele é capaz de instalar um programa a partir da internet e automaticamente identificar e instalar as dependências desse programa.

Em seu arquivo de configuração, /etc/yum.conf, podemos determinar como serão diversos comportamentos do programa. Algumas opções padrão desse arquivo são:

- **cachedir** : Diretório de armazenamento dos pacotes e demais arquivos de dados. O padrão é /var/cache/yum;
- **keepcache** : Valor *1* ou *0*. Determina se o yum deve manter os pacotes e arquivos relacionados após uma instalação bem sucedida. O padrão é 1 (manter arquivos);
- **reposdir** : Lista de diretórios em que o yum irá procurar arquivo .repo, que define os repositórios. Os padrões são /etc/yum.repos.d e /etc/yum/repos.d. Cada arquivo dentro desses diretórios deve conter uma seção [repositório] que define o repositório a ser usado. Estes serão unidos àqueles repositórios eventualmente definidos no próprio arquivo /etc/yum.conf;
- **debuglevel** : Nível da mensagens de aviso. Níveis úteis vão de 0 à 10. O padrão é 2;
- **errorlevel** : Nível das mensagens de erro. Níveis úteis vão de 0 à 10. O padrão é 2.
- **logfile** : Caminho completo para o arquivo de log do yum;
- **gpgcheck**: Valor *1* ou *0*. Determina se o yum deve ou não fazer a verificação de assinatura GPG dos pacotes.

* Apesar de ainda funcionar, a opção upgrade do comando aptitude não é recomendada nas versões mais recentes do programa. Em seu lugar, deve ser usada a opção safe-upgrade.

Os arquivos `.repo` definem os repositórios e opções específicas a cada um deles. Essencialmente, eles devem conter ao menos uma seção `[repositório]`, com o seguinte formato:

```
[Identificador]
name=Nome descritivo do repositório
baseurl=url://caminho/para/o/reposiório/
```

Esses são os elementos essenciais de uma definição de repositório. Cada entrada representa:

- **[Identificador]**: Termo único que identifica cada repositório;
- **name**: Texto de descrição do repositório;
- **baseurl** : URL para o diretório onde o diretório "repodata" do yum está. Pode ser uma URL *http://*, *ftp://* ou *file://*. Pode ser especificada mais de uma URL na mesma entrada `baseurl`.

Algumas opções podem ser aplicadas para cada repositório individualmente:

- **enabled** : Valor *1* ou *0*. Determina se o repositório deve ser usado;
- **gpgcheck** : Valor *1* ou *0*. Determina se deve ser feita a verificação GPG para os pacotes desse repositório.

O comando `yum` agrega as funções de instalação, atualização e remoção de pacotes. Os comando mais comuns do `yum` são:

- `yum search pacote`: Localiza determinado pacote ou pacote contendo o termo procurado;
- `yum install pacote`: Instala o pacote;
- `yum remove pacote` ou `yum erase pacote`: Desinstala o pacote;

O comando cpio

O comando cpio serve para aglutinar e extrair arquivos de dentro de um arquivo aglutinado, mas também pode ser usado simplesmente para copiar arquivos. Sua finalidade é semelhante à do comando tar, podendo inclusive ler e escrever nesse formato.

yumdownloader

Se a intenção é apenas baixar o pacote RPM do repositório sem instalá-lo, a melhor opção é o comando `yumdownloader`. Sua utilização é muito simples, bastando indicar o nome do pacote com argumento. Para copiar o código-fonte do pacote no lugar do programa compilado, basta fornecer a opção `--source`.

- `yum provides recurso` ou `yum whatprovides recurso`: Localiza qual pacote, instalado ou não, que fornece determinado recurso ou arquivo. Aceita caracteres coringa como o asterisco;
- `yum update`: Sem nenhum outro argumento, atualiza todos os pacotes desatualizados que estiverem instalados. Com um nome de pacote como argumento, atualiza somente o pacote especificado;
- `yum upgrade`: Mesma função da instrução update, mas pode ser utilizado para atualizar a distribuição para a versão mais atual.

O comando `yum update` com o argumento `--obsoletes` atua exatamente como o comando `yum upgrade`. A diferença é verificar ou não os pacotes obsoletos durante uma atualização. Esse recurso é importante para evitar quebra de dependência e funcionalidade ao atualizar para uma versão mais recente da distribuição.

Assinaturas de pacotes

Para garantir a autenticidade de cada pacote, é possível verificar sua assinatura, fornecida pela distribuição responsável pela sua criação e manutenção.

Se a distribuição for Fedora, por exemplo, as chaves são incorporadas ao banco de dados do rpm com o comando `rpm --import /usr/share/rhn/RPM-GPG-KEY-FEDORA`. Dessa forma, todo pacote copiado do servidor Fedora pode ser verificado com `rpm --checksig nome_do_pacote`.

A integridade do pacote instalado pode ser verificada com a opção `-V`. A opção `-Va` verifica todos os pacotes instalados. A análise é feita tendo como referência os arquivos originais do pacote.

A saída dessa análise pode ser bastante intensa, na qual cada caractere tem um significado específico. A tabela **Caracteres de verificação** mostra quais são os significados dos caracteres numa saída de verificação.

Caracteres de verificação

Caractere	Significado
. (ponto)	Teste bem sucedido.
?	O teste não pôde ser realizado.
M	A permissão ou o tipo do arquivo mudou.
5	A soma MD5 do arquivo é diferente.
D	O dispositivo foi modificado.
L	O link simbólico foi modificado.
U	O dono do arquivo mudou.
G	O grupo do arquivo mudou.
T	A data do arquivo mudou.

Exercícios

Questões Tópico 102

1. Qual comando pode ser usado para listar as partições do dispositivo /dev/sda?

a. *cat /dev/sda*

b. *ls -l /dev/sda*

c. *fdisk -p /dev/sda*

d. *fdisk -l /dev/sda*

2. Qual é código hexadecimal que identifica uma partição Linux Swap?

a. 81

b. 82

c. 83

d. 8e

3. Quais diretórios na partição raiz podem ser pontos de montagem para outras partições? Marque todos os corretos.

a. /sbin

b. /etc

c. /var

d. /home

4. No Grub2, qual arquivo é alterado para modificar o tempo de exibição do menu de boot?

a. /boot/grub/menu.lst

b. /etc/grub2.conf

c. /etc/default/grub

d. /etc/grub/grub

5. O principal arquivo de configuração do carregador Grub legacy é o

a. /boot/grub/menu.lst

b. /etc/grub.conf

c. /etc/menu.lst

d. /etc/grub/menu.lst

6. Qual o comando usado para identificar as bibliotecas compartilhadas que um programa necessita? Dê somente o comando, sem argumentos.

7. Qual o principal arquivo de configuração que determina a localização das bibliotecas compartilhadas do sistema? Informe o caminho completo.

8. Qual comando deve ser executado após alterar o arquivo /etc/apt/sources.list ?

a. *apt-get search*

b. *apt-get upgrade*

c. *apt-get update*

d. *apt-get safe-upgrade*

9. Qual opção do dpkg localiza o pacote que instalou determinado arquivo?

a. -S

b. -L

c. --contents

d. --file

10. Qual opção do comando rpm mostra os pacotes exigidos por um arquivo .rpm?

a. --requires

b. --whatrequires

c. --depends

d. --needed

Peso total do tópico na prova: 26

Tópico 103:

Comandos GNU e Unix

Principais temas abordados:

- Interação com o bash via linha de comando;
- Uso de comandos de filtragem de texto;
- Comandos de manipulação de arquivos e diretórios;
- Redirecionamentos e pipes;
- Monitoramento, manejo e alteração de prioridade de processos;
- Expressões regulares;
- Edição de textos com o Vi.

103.1 Trabalhar na linha de comando

Peso 4

A maneira tradicional de interagir com um computador com Linux – especialmente um servidor – é usando a chamada *linha de comando*. A linha de comando apresenta o *prompt do shell* indicando que o sistema está pronto para receber instruções. Normalmente, o prompt terminado com o caractere `$` indica que é um usuário comum que está utilizando o sistema. Quando terminado com o caractere `#`, indica tratar-se do usuário *root* (administrador do sistema).

O shell Bash

O *shell* é o ambiente que faz a intermediação entre o usuário e os recursos do computador, como se fosse um ambiente de programação em tempo real para executar tarefas. O shell padrão na maioria das distribuições Linux é o `bash` (*Bourne Again Shell*), ao qual os procedimentos aqui apresentados referem-se.

Alguns comandos importantes estão mostrados na tabela **Comandos embutidos do Bash**.

O comando `alias` é útil para facilitar a entrada de comandos recorrentes que levem muitos argumentos. Usar alias sem argumentos mostra quais *alias* estão configurados:

```
$ alias
alias ls='ls --color=auto'
```

O exemplo mostra um alias para o comando `ls` configurado na sessão atual. Os alias podem ter qualquer nome, desde que não contenham espaços ou caracteres especiais, como pontos de exclamação ou interrogação.

O shell interpreta a primeira palavra fornecida como um comando. O caminho completo ou relativo para o comando precisa ser fornecido, a menos que este esteja localizado em um dos diretórios contidos na variável de ambiente PATH. Se o programa encontrar-se no diretório de trabalho atual e fora dos diretórios contidos em PATH, seu nome precisará ser precedido por `./`, por exemplo `./script.sh`.

Variáveis

As variáveis usadas no shell são semelhantes às usadas em linguagens de programação. Nomes de variáveis são limitados a caracteres alfanuméricos. Para criar ou modificar uma variável, não devem ser usados espaços:

```
nome_da_variável=valor_da_variável
```

Comandos embutidos do Bash

Comando	Finalidade	Exemplo	Finalidade do exemplo
`alias`	Cria um alias (nome alternativo) para um comando.	`alias rm='rm -i'`	Obriga a confirmação toda vez que o comando `rm` for utilizado.
`exec`	Um comando invocado com `exec` substitui a sessão atual do shell.	`exec telinit 1`	Muda para o nível de execução 1 (single) e em seguida encerra a sessão do shell.
`echo`	Replica um texto informado ou conteúdo de variável.	`echo $PATH`	Exibe o conteúdo da variável de ambiente `$PATH`.
`env`	Sem argumentos, exibe as variáveis de ambiente e seus conteúdos. Pode executar um comando com variável de ambiente modificada.	`env DISPLAY=:1.0 xclock`	Abre o programa xclock alterando o valor da variável de ambiente `$DISPLAY`. O escopo da alteração compreende somente a instância do comando executado.
`export`	Define uma variável de ambiente para a sessão e para todas as sessões iniciadas a partir dela.	`export PATH=$PATH:/usr/local/bin`	Redefine a variável `$PATH` para incluir o caminho `/usr/local/bin`. Note que o valor é mostrado colocando o sinal `$` antes da variável. A atribuição de valor é feita sem o `$`.
`pwd`	Mostra o diretório atual.	`pwd` ou `ECHO $PWD`	Há duas formas de utilizar o `pwd`, como comando ou como variável. O comando `pwd` mostra o diretório atual, que também está contido na variável `$PWD`.
`set`	Define o valor de uma variável. Sem argumentos, mostra as variáveis já definidas.	`set NOME='ronaldo'`	Atribui à variável `$NOME` o valor ronaldo.
`unset`	Remove uma variável na sessão.	`unset NOME`	Exclui a variável `$NOME`.

O valor de uma variável é mostrado colocando o caractere `$` no nome:

```
echo $nome_da_variável
```

Há dois tipos de variáveis, as locais e as exportadas.

- **Locais**: Acessíveis apenas na sessão atual do shell.
- **Exportadas**: Acessíveis na sessão atual e demais sessões iniciadas a partir dessa.

O comando `set` mostra todas as variáveis definidas. Para ver apenas aquelas que são exportadas, usa-se o comando `env`. Se uma variável pode ser acessada por qualquer processo ou sessão do shell, é chamada de *variável global*.

Para suprimir uma variável de ambiente durante a execução de um comandoespecífico, basta invocá-lo na forma env -u VARIAVEL comando. Para modificarseu conteúdo apenas para a execução do comando específico, pode ser invocadona forma env VARIAVEL=valor comando.

Variáveis pré-definidas

Variável	Definição
DISPLAY	Determina em qual display do X o programa deve exibir suas janelas.
HISTFILE	Caminho para o histórico de comandos do usuário (geralmente `$HOME/.bash_history`).
HOME	Caminho para o diretório pessoal do usuário.
LOGNAME	O nome que o usuário usou para entrar no sistema.
PATH	Lista de diretórios nos quais programas serão procurados caso tenham sido solicitados sem seu caminho completo ou relativo.
PWD	O diretório atual.
SHELL	O shell utilizado (via de regra, `/bin/bash`).
TERM	O tipo de emulador de terminal utilizado. Seu conteúdo varia se é utilizado um terminal do `X` ou um console `tty`.

Algumas variáveis de ambiente podem ser pré-definidas, sejam variáveis internas do Bash ou definidas nos arquivos de configuração. A tabela **Variáveis pré-definidas** mostra algumas delas.

Outras variáveis embutidas do Bash atuam quase como comandos, devolvendo valores que são especialmente úteis em scripts. São elas:

- `$!`: PID do último processo executado;
- `$$`: PID do shell atual;
- `$?`: retorna o valor 0 se o último comando foi bem sucedido, caso contrário retorna o valor 1;
- `~`: corresponde ao diretório pessoal do usuário atual;
- `~alaor`: corresponde ao diretório pessoal do usuário chamado *alaor*.

Comandos sequenciais

A grande maioria das tarefas depende da execução de mais de um comando. Para executar três comandos em sequência, independente do resultado de cada um, utiliza-se o formato:

```
comando1 ; comando2 ; comando3
```

Executar o comando seguinte apenas se o anterior foi bem sucedido (se retornou 0):

```
comando1 && comando2 && comando3
```

Executar o comando seguinte apenas se o anterior não foi bem sucedido (se retornou diferente de 0):

```
comando1 || comando2 || comando3
```

Referência e manuais

Em função do grande número de comandos disponíveis no ambiente Linux, um recurso que agiliza a digitação de comando e caminhos existentes é a utilização da tecla [TAB]. Após digitar as primeiras letras de um comando ou caminho de diretório, a tecla [TAB] completa a linha de acordo com os comandos e caminhos encontrados.

Praticamente todos os comandos e arquivos de configuração no Linux acompanham um manual. Esse manual está acessível por intermédio do comando `man`, que demonstra em detalhes as funções do item em questão. Para ver um manual, basta usar o comando man, tendo o comando ou arquivo como argumento.

O comando info

O comando `info` é uma espécie de alternativa aos manuais man. No lugar de usar o comando man, essas referências são acessíveis com o comando info. Em geral, informações disponíveis em páginas info também estão disponíveis em páginas de manual, porém de forma menos detalhada. Por padrão, os arquivos desse tipo de documentação são armazenadas em `/usr/share/info`.

Em sua maioria, os manuais têm a seguinte organização:

- **Nome**: Assunto da página de manual seguido por uma descrição breve;
- **Sinopse**: A sintaxe do comando;
- **Descrição**: Descrição detalhada;
- **Opções**: Revisão de todas as opções e suas funções;
- **Arquivos**: Arquivos relacionados ao assunto;
- **Veja também**: Outras páginas de manual relacionadas ao tópico.

Buscar manual

É possível buscar ocorrências de um termo na seção nome dos manuais com o comando `apropos`. Esse comando retorna a uma descrição breve para cada ocorrência encontrada e o nome do respectivo comando ou arquivo.

Uma maneira de identificar os manuais de referência para um determinado termo é usar o comando `whatis`. O banco de dados do comando `whatis` armazena a seção nome dos manuais do sistema. O banco de dados geralmente é atualizado por um agendamento de sistema. Para cada recursos de manual localizado, o `whatis` mostra uma breve descrição:

```
whatis man
man                    (1)  - format and display the on-line manual pages
man                    (7)  - macros to format man pages
man.conf [man]         (5)  - configuration data for man
```

Os números entre parênteses referem-se à seção a qual pertence a página de manual. As seções disponíveis são listadas a seguir:

- Seção 1: Programas disponíveis ao usuário;
- Seção 2: Rotinas de Sistema Unix e C;
- Seção 3: Rotinas de bibliotecas da linguagem C;
- Seção 4: Arquivos especiais (dispositivos em `/dev`);
- Seção 5: Convenções e formatos de arquivos;
- Seção 6: Jogos;
- Seção 7: Diversos (macros textuais etc.);
- Seção 8: Procedimentos administrativos (daemons, etc).

Para acessar um item em uma seção específica, o número da seção precede o nome do item. Por exemplo, acessar o manual de man na seção número 7:

```
man 7 man
```

Por padrão, os arquivos dos manuais são armazenadas em `/usr/man` e `/usr/share/man`, em subdiretórios correspondentes à seção. Outros locais podem ser especificados com a variável *MANPATH*. Essa varável é definida no arquivo de configuração `/usr/lib/man.conf` ou `/etc/man.conf`.

Imprimindo manuais

Páginas de manual podem ser impressas como texto sem formatação, simplesmente direcionando à saída do comando man para um arquivo ou comando de impressão. Para não perder a formatação, a página pode ser convertida usando o comando `groff`:

```
zcat /usr/man/man1/find.1.gz | groff -man -Tps > find.ps
```

Ou, para imprimir diretamente:

```
zcat /usr/man/man1/find.1.gz | groff -man -Tps | lpr
```

Outras documentações

Projetos GNU geralmente incluem documentações como FAQ, Readme, ChangeLog e Guia de usuário/administrador. Podem estar no formato ASCII, HTML, LateX ou postscript. Estes arquivos podem ser encontrados em `/usr/share/doc`, em diretórios correspondentes aos programas.

Dessa forma, o material impresso mantém as marcações e grifos presentes no manual original.

103.2 Processar fluxos de texto com o uso de filtros

Peso 3

Durante a atividade de administração de um sistema Linux, em muitos momentos é necessário trabalhar com arquivos de conteúdo de texto, basicamente realizando tarefas de recortar, extrair e filtrar. Para essas finalidades existem os comandos fornecidos pelo pacote *GNU textutils*. Os comandos textutils mais comuns são:

cat

É usado para mostrar o conteúdo de arquivos. Pode atuar como um redirecionador, tomando todo o conteúdo direcionado para sua entrada padrão e enviando para sua saída padrão.

tac

Tem a mesma função do `cat`, mas mostra o conteúdo de trás para frente.

head

Mostra o começo de arquivos. Por padrão, as primeiras dez linhas são mostradas. A quantidade de linhas a serem mostradas é indicada pela opção `-n`. A opção `-c` especifica o número de caracteres (*bytes*) a serem mostrados.

tail

Mostra o final de arquivos. Por padrão, as últimas dez linhas são exibidas. A quantidade de linhas a serem mostradas é indicada pela opção `-n`. A opção `-c` especifica o número de caracteres (*bytes*) a serem exibidos. Para que o final do arquivo seja mostrado continuamente, à medida que mais texto é adicionado, usa-se a opção `-f` (de *follow*). O sinal + indica que a leitura deve ser feita a partir da linha especificada após o +.

wc

Conta linhas, palavras ou caracteres, a partir das opções `-l`, `-w` e `-c`, respectivamente. Quando usado sem argumentos, mostra esses três valores na mesma sequência.

nl

Numera linhas, como o comando `cat -b`. O argumento `-ba` faz numerar todas as linhas. O argumento `-bt` numera apenas as linhas que não estejam em branco.

expand

Substitui espaços de tabulação (*TABs*) por espaços simples, mantendo a mesma distância aparente.

unexpand

Substitui dois ou mais espaços simples, em um texto, por espaços de tabulação (*TABs*).

hexdump

Mostra arquivos binários. A opção `-C` torna a saída mais legível, mostrando a coluna de endereço hexadecimal, seguida pela coluna dos dados do arquivo (valores hexadecimais sequenciais separados a cada dois bytes) e, por último, pela coluna que mostra esses mesmos bytes no formato ASCII.

od

Usado para converter entre diferentes formatos de dados, como hexadecimal e binário.

split

Divide um arquivo em outros menores, seguindo critérios como tamanho ou número de linhas. A opção `-l` indica o número de linhas de cada parte do arquivo dividido. A opção `-b` indica qual o tamanho de cada parte. Um prefixo para as partes pode ser indicado após o nome do arquivo a ser dividido.

Por exemplo, dividir um arquivo em partes de 1024 KB usando o prefixo "`parte_`":

```
split -b 1024k arquivo_original parte_
```

Esse comando criará arquivos chamados `parte_aa`, `parte_ab`, `parte_ac` etc. Para concatenar novamente o arquivo, pode ser utilizado o comando:

```
cat parte_* > arquivo_copia
```

Será criado um arquivo de conteúdo idêntico ao do arquivo original. Se o tamanho das partes não for informado, será utilizado o tamanho padrão de 1000 linhas por parte.

uniq

Esse comando mostra o conteúdo de arquivos, suprimindo linhas sequenciais repetidas. Com a opção `-u`, mostra apenas as linhas que não se repetem.

cut

Delimita um arquivo em colunas, em determinado número de caracteres ou por posição de campo. Para separar por campo, a opção `-d` especifica o caractere delimitador e `-f` informa a posição do campo. Por exemplo, para mostrar os campos da posição 1 e 3 do arquivo `/etc/group`, que estão separados por ":":

```
$ cut -d ':' -f 1,3 /etc/group
root:0
bin:1
daemon:2
sys:3
adm:4
(...)
```

Para exibir outro delimitador no lugar do delimitador original, usa-se a opção `--output-delimiter`:

```
$ cut -d ':' -f 1,3 /etc/group --output-delimiter ' = '
root = 0
bin = 1
daemon = 2
sys = 3
adm = 4
(...)
```

paste

Concatena arquivos lado a lado, na forma de colunas:

```
$ paste texto_simples.txt texto_simples.txt
primeira linha   primeira linha
do texto         do texto
```

join

Similar ao paste, mas trabalha especificando campos, no formato `join -1 CAMPO -2 CAMPO <arquivo um> <arquivo dois>`, em que `CAMPO` é o número indicando qual campo nos respectivos arquivos (primeiro e segundo) deve ser correlacionado. Por exemplo, relacionar as linhas de `arq1` cujo primeiro campo (coluna 1) seja igual ao primeiro campo de `arq2`:

```
arq1:
1 a1 x1
2 b1 y1
3 c1 z1

arq2:
1 a2 x2
2 b2 y2
3 c2 z2

$ join -1 1 -2 1 arq1 arq2
1 a1 x1 a2 x2
2 b1 y1 b2 y2
3 c1 z1 c2 z2
```

A primeira coluna do resultado é o campo que foi relacionado, seguido das linhas correspondentes. É possível delimitar quais campos mostrar, com a opção `-o`. Essa opção deve ser escrita no formato N.M, em que N é o número correspondente ao arquivo e M é o número correspondente ao campo desse arquivo. O campo de relação também pode ser referido por 0. Por exemplo, fazer a mesma relação do exemplo anterior, mostrando apenas o primeiro campo de `arq1` e apenas o segundo de `arq2`:

```
$ join -1 1 -2 1 -o '1.2 2.3' arq1 arq2
a1 x2
b1 y2
c1 z2
```

sort

Ordena alfabeticamente. Com a opção `-n`, ordena numericamente. A opção `-r` inverte o resultado.

fmt

Formata um texto para determinado número de caracteres por linha. O padrão é 75. Opções importantes do `fmt` são:

- `-w`: Indica o número de caracteres por linha;
- `-s`: Quebra linhas grandes, mas não as preenche;
- `-u`: Um espaço entre palavras e dois espaços entre sentenças.

pr

Divide o arquivo para impressão. O padrão é 66 linhas por 72 caracteres de largura, modificados por `-l` e `-w`, respectivamente.

tr

Converte caracteres. Diferente dos demais comandos mostrados, em que os dados podem vir pela entrada padrão ou indicando um arquivo, o comando `tr` usa apenas a entrada padrão. Por exemplo, converter todas as letra minúsculas para maiúsculas:

```
$ echo abc | tr '[a-z]' '[A-Z]'
ABC
```

Trocando espaços pelo caractere underscore:

```
$ echo 'Frase cheia de espaços' | tr ' ' '_'
Frase_cheia_de_espaços
```

Sequências de caracteres consecutivos podem ser reduzidas a apenas um deles,com a opção -s. Se, por exemplo, houverem espaços consecutivos entre palavras no arquivo texto.txt, eles serão reduzidos a apenas um espaço entre cada palavra com o comando tr -s ' ' < texto.txt.

less

Se a necessidade for simplesmente inspecionar o conteúdo de um arquivo de texto, sem alterar seu conteúdo, basta utilizar um comando paginador, como o more ou o less. O more é mais tradicional, mas não permite voltar à medida que se avança o texto. Já o less permite voltar e fazer buscas no texto, pressionando a tecla /. Ambos aceitam texto diretamente pela entrada padrão ou pode ser fornecido o nome do arquivo como argumento. O less é compatível com a maioria dos atalhos de navegação do editor vi.

103.3 Gerenciamento básico de arquivos

Peso 4

Praticamente toda operação em linha de comando envolve trabalhar com arquivos e diretórios. Essa manipulação via comandos pode ser muito facilitada quando conhecemos a ferramenta apropriada para cada finalidade.

Diretórios e arquivos

Arquivos podem ser acessados tanto por seu caminho absoluto quanto pelo relativo. Caminhos absolutos são aqueles iniciados pela barra da raiz (/) e caminhos relativos são aqueles que tomam por referência o diretório atual. O Ponto (.) refere-se ao diretório atual, e os dois pontos (..) referem-se ao diretório superior ao diretório atual.

O comando ls é usado para listar arquivos e conteúdo de um diretório. A opção `-l` exibe detalhes sobre o(s) arquivo(s), `-s` mostra o tamanho em KB e `-d` mostra as propriedades de um diretório, não seu conteúdo. Exemplo de saída de `ls -l`:

```
$ ls -l /etc/X11/xinit/
total 24
-rw-r--r-- 1 root root 321 2003-03-16 18:36 README.Xmodmap
lrwxrwxrwx 1 root root  15 2009-03-21 09:39 xinitrc -> xinitrc.fluxbox*
-rwxr-xr-x 1 root root 538 2007-05-28 00:57 xinitrc.blackbox*
-rwxr-xr-x 1 root root 542 2008-10-05 03:31 xinitrc.fluxbox*
-rwxr-xr-x 1 root root 539 2007-02-18 00:19 xinitrc.fvwm2*
-rwxr-xr-x 1 root root 733 2007-03-24 00:56 xinitrc.twm*
-rwxr-xr-x 1 root root 788 2008-07-30 04:03 xinitrc.wmaker*
```

Essas informações podem ser divididas em colunas, da esquerda para a direita:

- A primeira coluna mostra o tipo e as permissões do arquivo;
- A segunda coluna mostra o número de *hardlinks* para o arquivo;
- A terceira e a quarta mostram o dono e o grupo aos quais o arquivo pertence.;
- A quinta mostra o tamanho em bytes;
- A sexta e a sétima mostram a data e a hora da última modificação no arquivo;
- A oitava coluna mostra o nome do arquivo. Se o arquivo for um link simbólico, uma seta mostra o arquivo para o qual ele aponta.

No Linux, nem todos os arquivos possuem sufixos que indicam qual é seu conteúdo. Nesses casos de ausência de sufixo, o comando `file` é muito útil para identificar o tipo de arquivo, trata-se de uma imagem ou um texto, por exemplo:

```
$ file face.png
face.png: PNG image data, 96 x 96, 8-bit/color RGB, non-interlaced

$ file separate.tar.gz
separate.tar.gz: gzip compressed data, from Unix, last modified: Thu Mar 20
↪ 11:41:11 2008

$ file hoje_de_manha.txt
hoje_de_manha.txt: ASCII text

↪
$ file 1913\ The\ Debarted.flv
1913 The Debarted.flv: Macromedia Flash Video
```

Manipulando arquivo e diretórios

O comando `cp` é utilizado para copiar arquivos. Suas opções principais são:

- `-i`: Modo interativo. Pergunta antes de sobrescrever um arquivo.
- `-p`: Copia também os atributos do arquivo original.
- `-r`: Copia recursivamente o conteúdo do diretório de origem.

É importante saber que ao copiar um diretório recursivamente, o uso da barra `/` no final do diretório de origem fará com que apenas o conteúdo do diretório seja copiado para o destino; não usar a barra fará com que o diretório de origem e seu conteúdo sejam copiados no destino.

O comando `mv` move e renomeia arquivos. Usado com a opção `-i`, ele pede confirmação antes de sobrescrever um arquivo de destino.

Para alterar a data de um arquivo, utiliza-se o comando `touch`. Usado sem argumentos, touch altera a data e a hora de criação e modificação de um arquivo para os valores atuais do sistema. Para alterar apenas a data de modificação, usa-se a opção `-m`, e para alterar apenas a data de acesso, usa-se a opção `-a`. Outros valores de tempo podem ser passados com a opção `-t`.

O comando `cd` muda para o diretório especificado ou vai para o diretório pessoal, quando nenhum diretório é especificado.

O comando `mkdir` cria diretórios. Para criar uma árvore de diretórios recursivamente, sem necessidade de criar um a um, usa-se a opção `-p`:

```
$ mkdir -p caminho/completo/para/dir
```

Para alterar as permissões do diretório no ato da criação, as mesmas são transmitidas ao mkdir com a opção `-m`. Diretórios vazios podem ser apagados pelo comando `rmdir`.

Para apagar um arquivo, o comando é `rm`. Para apagar toda uma árvore de diretórios vazios, usa-se a opção `-p`. Para apagar diretórios com conteúdo, usa-se `rm -r`. Para forçar a remoção, a opção `-f` é utilizada.

Condensação de arquivos

No Linux, existem basicamente dois comandos para aglutinar arquivos e diretórios dentro de um só arquivo: `tar` e `cpio`. Suas finalidades básicas são semelhantes, aglutinam arquivos em outros arquivos ou fitas e podem extrair e atualizar estes arquivos.

Para criar um arquivo contendo todo o diretório `/etc` e seu conteúdo com o tar, podemos usar a forma:

```
# tar cvf etc.tar /etc
```

As instruções fornecidas representam:

- `c`: Criar um arquivo;
- `v`: Mostrar cada arquivo que é incluído;
- `f`: Especifica em seguida o caminho para o arquivo a ser criado.

O último argumento é o diretório(s) ou arquivo(s) a ser incluído. Para extrair esse arquivo, a opção usada é a `x`:

```
# tar xvf etc.tar
```

Os arquivos serão extraídos com a árvore de diretórios completa. Esse mesmo arquivo `.tar`, apesar de aglutinado, não está compactado.

Os principais comandos de compactação no Linux são o `gzip` e o `bzip2`. Para compactar o arquivo `.tar` usamos:

```
gzip etc.tar
```

ou

Cópia exata com dd

O comando dd realiza cópias byte a byte, ou seja, realiza a cópia sequencial de dados de qualquer origem para qualquer destino. Por isso, é especialmente útil para fazer cópias completas de discos ou partições inteiras e imagens de mídias como CDs e DVDs.

```
bzip2 etc.tar
```

Será criado automaticamente o arquivo etc.tar.gz ou etc.tar.bz2. A principal diferença entre as duas modalidades de compactação é o algorítimo utilizado. O gzip é mais rápido, enquanto que o bzip2 costuma oferecer melhores taxa de compressão.

A compactação pode ser especificada diretamente com o comando tar. Para realizar a compactação com gzip, é utilizada a opção z:

```
# tar czvf etc.tar.gz /etc
```

Para usar bzip2, é utilizada a opção j:

```
# tar cjvf etc.tar.bz2 /etc
```

A descompressão pode ser feita com os comandos gunzip e bunzip2, mas também pode ser feita diretamente com o comando tar e com as opções z e j, respectivamente.

Outro formato de compactação bastante utilizado é o xz, compatível com o lzma. Sua utilização é muito semelhante à do gzip e bzip2. Os principais comandos são xz, para compactar, e unxz, para descompactar. Para o formato lzma, utiliza-se o lzma e unlzma.

Tal como o gzip e o bzip2, o xz pode ser utilizado pelo comando tar com a opção J. Note que para o bzip2 é a opção j minúscula e para o xz é a opção J maiúscula. Se o formato desejado for o lzma, deve ser utiliza a opção longa --lzma.

O comando cpio serve para aglutinar e extrair arquivos de dentro de um arquivo aglutinado, mas também pode ser usado simplesmente para copiar arquivos.
Sua finalidade é semelhante à do comando tar, podendo inclusive ler e escrever nesse formato. Uma diferença importante é que o cpio trabalha apenas com redirecionentos de entrada e saída padrão. Para listar o conteúdo de um arquivo cpio, é usada a opção -t. Para extrair um arquivo, a opção -i.

Caracteres curinga e englobamento

As operações com arquivos e diretórios permitem o uso de caracteres curinga, que são padrões de substituição de caracteres. O caractere * substitui qualquer sequência de caracteres:

```
$ ls /etc/host*
/etc/host.conf
/etc/hosts
/etc/hosts.allow
/etc/hosts.deny
/etc/hosts.equiv
```

O caractere **?** substitui apenas um caractere:

```
$ ls /dev/fd?
/dev/fd0  /dev/fd1  /dev/fd2  /dev/fd3
```

O uso de colchetes ([ ]) indica uma lista de caracteres:

```
$ ls /dev/hd[abc]
/dev/hda  /dev/hdb  /dev/hdc
```

Chaves ({ }) indicam uma lista de termos separados por vírgula:

```
$ ls /dev/{hda,fd0}
/dev/fd0  /dev/hda
```

O uso de exclamação antes de um curinga o exclui da operação:

```
$ ls /dev/fd[!01]
/dev/fd2  /dev/fd3
```

Curingas precedidos de barra invertida (\) não realizam substituição:

```
$ ls /dev/fd\[\!01\]
ls: /dev/fd[!01]: Arquivo ou diretório não encontrado
```

Entre aspas duplas, apenas os caracteres especiais |, / e $ têm efeito. Entre aspas simples, apenas o caractere especial \ tem efeito.

Encontrando arquivos

O principal comando de localização de arquivos no Linux é o `find`, cuja sintaxe básica é `find diretório critério [-exec comando {} \;]`.

O argumento diretório indica onde o `find` deve iniciar a busca, e o critério pode ser o nome do arquivo ou diretório a ser procurado ou uma regra para a busca. Critérios comuns para o `find`:

Critérios comuns para o find

Critério	Definição
`-type`	Define o tipo do arquivo (*d* para diretório, *f* para arquivo comum e *l* para link).
`-name` nome	Nome do arquivo.
`-user` usuário	Dono do arquivo.
`-atime` -/+n	Arquivo acessado antes ou após *n*. *n* corresponde à expressão *n * 24 horas*.
`-ctime` -/+n	Arquivo criado antes ou após *n*.
`-mtime` -/+n	Arquivo modificado antes ou depois de *n*.
`-amin` -/+n	Arquivo acessado antes ou depois de *n*. *n* corresponde à quantidade de minutos.
`-cmin` -/+n	Arquivo criado antes ou depois de *n*.
`-mmin` -/+n	Arquivo modificado antes ou depois de *n*.
`-newer` arquivo	O arquivo procurado foi criado ou modificado após arquivo.
`-perm` modo	O arquivo procurado tem permissão especificada igual a *modo*, como as letras *r*, *w* e *x*.
`-perm` -modo	O arquivo procurado tem todas as permissões listadas em *modo*.
`-perm` +modo	O arquivo procurado tem qualquer das permissões listadas em modo.

Exemplo de utilização do `find`: encontrar todos os arquivos do tipo link em `/usr/lib`, criados há menos de 24 horas:

```
$ find /usr/lib -type l -ctime -1
/usr/lib/libssl.so
/usr/lib/libcrypto.so
/usr/lib/libssl.so.0
/usr/lib/libcrypto.so.0
```

103.4 Fluxos, pipes (canalização) e redirecionamentos de saída

Peso 4

Processos Unix (e consequentemente Linux) geralmente abrem três descritores-padrão de arquivos, que os permitem processar entrada e saída de dados. Esses descritores podem ser redirecionados de e para outros arquivos ou processos.

Por padrão, o descritor de entrada (`stdin`) é o teclado e os descritores de saída-padrão (`stdout`) e de saída de erro (`stderr`) são a tela do computador. Os valores numéricos para esses descritores são 0 para stdin, 1 para stdout e 2 para stderr. Os descritores também podem ser acessados por meio dos dispositivos virtuais `/dev/stdin`, `/dev/stdout` e `/dev/stderr`.

O fluxo dos dados para redirecionamentos e canalizações numa linha de comando se inicia da esquerda para a direita.

Redirecionamento

Para redirecionar a saída-padrão de um comando para um arquivo, utiliza-se o símbolo > após este, que deve indicar o arquivo a ser criado com os dados referidos:

```
$ cat /etc/passwd > copia_passwd
```

Se o arquivo existir previamente, será sobrescrito. Para adicionar os valores sem apagar o conteúdo existente, usa-se >>. O bash nao sobrescreve arquivos caso tenha sido definida a opção noclobber, com o comando set `-o` noclobber ou iniciado com o parametro `-C`

Para redirecionar o conteúdo de um arquivo para a entrada padrão de um comando, usa-se <. Nesse caso, o fluxo dos dados segue da direita para a esquerda. É especialmente útil para utilizar com comandos como o `tr`, que não lê arquivos diretamente. O conteúdo redirecionado por padrão é o de stdout. Para especificar `stderr`, usa-se `2>`. Para redirecionar ambos simultaneamente, usa-se `&>`. Também é possível redirecionar a `stdout` para `stderr`, com 1> &2. Para fazer o oposto , `stderr` para `stdout`, utiliza-se 2>&1.

Canalização (pipe)

É possível enviar a saída de um comando para a entrada de outro comando utilizando o caractere de canalização |. Por exemplo, extrair a terceira música de um CD com o comando `cdparanoia`, canalizando o áudio para o programa `oggenc` – para armazenar a música no formato Ogg Vorbis:

```
$ cdparanoia -d /dev/cdrom 3 - | oggenc - -o 03.ogg
```

Por fim, é possível redirecionar simultaneamente a saída, tanto para um arquivo quanto para stdout, por meio do comando `tee`. Para tal, canaliza-se a saída do comando para o comando tee, fornecendo a este um nome de arquivo para armazenar a saída:

```
$ cat /etc/passwd | tee copia_passwd
```

O conteúdo de `/etc/passwd` será mostrado na tela e copiado no arquivo `copia_passwd`. Para não substituir o conteúdo do arquivo, mas adicionar ao seu final, deve ser utilizada a opção `-a` do comando `tee`.

Substituição de comandos

É possível também usar a saída de um comando como argumento para outro, usando aspas invertidas:

```
$ ls -dl `cat /etc/ld.so.conf`
drwxr-xr-x   5 root root 7464 2006-01-14 17:35 /usr/X11R6/lib
drwxr-xr-x   2 root root  712 2006-03-17 12:26 /usr/i486-slackware-linux/lib
drwxr-xr-x   2 root root  688 2005-10-29 22:53 /usr/lib/qt/lib
drwxr-xr-x  16 root root 7272 2006-03-21 02:49 /usr/local/lib
```

Resultado idêntico é conseguido com `ls -dl $(cat /etc/ld.so.conf)`.

Semelhante à substituição de comandos, o comando `xargs` desempenha função de intermediário, passando os dados que recebe via `stdin` como argumento para um segundo comando. Exemplo do `xargs` acompanhando a execução do find:

```
$ find /usr/X11R6/bin/ -name 'xt*' | xargs ls -l
-rwxr-xr-x  1 root bin 268928 2006-01-14 17:35 /usr/X11R6/bin/xterm
-rwxr-xr-x  1 root bin  13076 2006-01-14 17:35 /usr/X11R6/bin/xtrapchar
-rwxr-xr-x  1 root bin   6536 2006-01-14 17:35 /usr/X11R6/bin/xtrapin
(...)
```

Nesse exemplo, `xargs` tomou cada caminho passado por find e repassou como argumento para o comando `ls -l`. Nos casos em que os nomes de arquivos possuem espaços,o find deve ser invocado com a opção `-print0`. Dessa forma, um caractere nulo é utilizado como separador e os nomes são interpretados corretamente.

103.5 Criar, monitorar e finalizar processos

Peso 4

Em linhas gerais, um processo é um programa em execução. Cada processo possui um número único de identificação chamado PID. Esse número pode ser usado para mudar a prioridade de um processo ou para finalizá-lo.

Monitorar processos

Diversos comandos podem ser usados para inspecionar processos e são especialmente úteis para localizar e finalizar processos dispensáveis ou suspeitos. São eles:

- `ps`: Mostra os processos ativos de maneira detalhada;
- `top`: Monitora continuamente os processos, mostrando informações como uso de memória e CPU de cada processo. A tecla [H] fornece ajuda sobre o uso do programa. Pode ser usado para alterar a prioridade de um processo;
- `pstree`: Mostra processos ativos em formato de árvore genealógica (processos filhos ligados aos respectivos processos pais);
- `pidof`: Retorna o PID do programa cujo nome foi solicitado, se o programa estiver em execução;
- `kill`: Envia sinais de controle para processos. O sinal padrão, quando nenhum sinal é informado, é `SIGTERM`, de valor numérico 15, que pede ao programa em questão para finalizar. O processo não necessariamente obedece ao sinal, a menos que o sinal seja `SIGKILL`. Em alguns casos, o sinal `SIGHUP` pode ser interpretado como ordem para que o processo releia seu(s) arquivo(s) de configuração;
- `killall`: Tem função igual à de kill, porém usa o nome do processo no lugar do PID. Com a opção `-l`, lista os sinais possíveis.

Por exemplo, para enviar o sinal `SIGTERM` para o processo de número 4902:

```
# kill -SIGTERM 4902
```

Alguns dos sinais mais utilizados podem ser encontrados na tabela **Sinais de controle comuns.**

Sinais de controle comuns

Sinal	Finalidade
SIGHUP	Termina ou reinicia o processo. Valor numérico 1.
SIGINT	Interrompe o processo, igual a [Ctrl]+[C]. Valor numérico 2.
SIGQUIT	Fecha o processo. Valor numérico 3.
SIGKILL	Força a finalização do processo. Valor numérico 9.
SIGTERM	Solicita ao processo para finalizar. Valor numérico 15.

Controle com pgrep e pkill

O comando pgrep localiza processos a partir de seus nomes ou outros atributos, exibindo os números PID de todos os processos correspondentes. Na sua forma de utilização mais simples, basta fornecer o nome de um programa ou comando:

```
$ pgrep nginx
1039
1040
```

Os números 1039 e 1040 são processos ativos relacionados ao programa nginx. A opção -a é utilizada para obter o comando completo que foi utilizado para iniciar cada processo:

```
$ pgrep nginx -a
1039 nginx: master process /usr/sbin/nginx
1040 nginx: worker process
```

O nome fornecido pode ser uma expressão regular, o que é útil para filtrar processos mais especificamente. Outras opções importantes do pgrep são:

- `-d, --delimiter` <texto>. Definir um separador para a saída diferente do padrão, que é um número de processo por linha.
- `-l, --list-name`. Mostrar o nome dp processo.
- `-a, --list-full`. Mostrar o comando completo que iniciou o processo.
- `-v, --inverse`. Inverte o critério, exibindo todos os processos que não correspondem.
- `-c, --count`. Quantos processos correspondem ao critério escolhido.
- `-n, --newest`. Seleciona o processo mais recente.
- `-o, --oldest`. Seleciona o processo mais antigo.
- `-P, --parent <PPID,...>`. Limita a seleção ao processos cujo PID pai seja o especificado.
- `-t, --terminal <tty,...>`. Seleciona os processos do terminal especificado. Os terminais ativos podem ser obtidos com o comando w.
- `-u, --euid <UID,...>`. Seleciona pelo UID (número de identificação de usuário) efetivo. O UID efetivo é o UID associado ao processo. Em casos especiais, pode ser diferente do UID do usuário que iniciou o processo.
- `-U, --uid <UID,...>`. Seleciona pelo UID real. O UID real é o UID do usuário que realmente iniciou o processo.
- `-g, --pgroup <PGID,...>`. Seleciona pelo GID (número de identificação de grupo) do processo.
- `-G, --group <GID,...>`. Seleciona pelo GID real.

O comando pkill é utilizado para enviar sinais ao processos que correspondam aos critérios de busca fornecidos. Como com o pgrep, podem ser utilizadas expressões regulares. Os sinais de controle dos processos são os mesmos utilizados pelo comando kill, e são especificados diretamente ou com a opção --signal. Por exemplo, para fazer o syslogd recarregar suas configurações:

```
pkill -HUP syslogd
```

O mesmo resultado é obtido com a opção --signal:

```
pkill --signal HUP syslogd
```

Os nomes dos processos são limitados em 15 caracteres, como estão armazenados no arquivo /proc/PID/stat. Com a opção -f, a busca é realizada na linha de comando completa que está armazenada em /proc/PID/cmdline. Tanto o pgrep quanto o pkill nunca exibem a si mesmos em suas respectivas saídas

Tarefas em primeiro e segundo plano

Após iniciado um programa no shell, ele normalmente assumirá o controle de stdin e stdout, ou seja, ficará em primeiro plano. Para interromper o programa e voltar ao prompt do shell, usa-se a combinação de teclas [Ctrl]+[Z]. Feito isso, para continuar a execução do programa em segundo plano, ou seja, mantendo o prompt do bash em primeiro plano, usa-se o comando `bg` (*background*). Para continuar a execução do programa em primeiro plano, usa-se o comando `fg` (*foreground*).

Ao interromper uma tarefa, é mostrado um número que a identifica. Este número pode ser passado para `fg` e `bg`, para especificar a tarefa desejada. Se houver apenas uma tarefa na sessão atual, fg e bg podem ser usados sem argumentos. Para usar o nome do programa no lugar de seu número de tarefa, basta precedê-lo por `%?`.

O comando `jobs` lista as tarefas existentes na sessão atual do bash. É especialmente útil quando há mais de uma tarefa em andamento. É possível iniciar programas diretamente em segundo plano, adicionando o símbolo `&` ao seu final. Os números mostrados correspondem ao número da tarefa e ao PID, respectivamente. O número de uma tarefa pode ser usado como argumento do comando `kill`, desde que precedido do símbolo `%`.

Quando um usuário sai do sistema, um sinal SIGHUP é enviado a todos os processos iniciados por ele. Para que esse sinal não interrompa o processo do usuário depois de ele sair do sistema, o comando deve ser invocado por meio do `nohup`:

```
$ nohup wget ftp://transferência/muito/demorada.tar.bz2 &
nohup: appending output to `nohup.out'
```

As saídas `stdout` e `stderr` serão redirecionadas para o arquivo `nohup.out`, criado no mesmo diretório em que o comando foi executado. Dessa forma, a saída do comando poderá ser analisada posteriormente.

Interface screen

O comando screen permite alternar entre diferentes tarefas numa mesma sessão do shell. Por exemplo, é possível manter aberto um editor de texto e exibir o manual de um comando, alternando entre eles. Esse recurso é especialmente útil em sessões remotas, pois evita abrir várias conexões apenas para executar diferentes tarefas simultâneas no mesmo servidor.

O screen pode ser invocado sem nenhum argumento ou com um comando como argumento. Sem argumentos, simplesmente abrirá uma sessão do shell padrão. Com um comando como argumento, entrará em execução exibindo o comando em questão.

Por exemplo, para iniciar uma sessão do screen editando o arquivo det.pl com o editor vim:

```
$ screen vim det.pl
```

De início, não há diferença entre a execução com o screen e a execução convencional. Porém, será possível abrir uma nova tela com a combinação de teclas **Ctrl+a c**. Ao pressionar **Ctrl+a**, o screen entra no modo de controle e aguarda uma instrução, que neste caso foi criar uma nova tela (tecla c).

O screen imediatamente muda para a nova tela, que é idêntica a uma nova sessão de terminal. A lista de todas as telas é exibida com a combinação **Ctrl+a** ", que podem ser selecionadas com as setas do teclado e ativadas com a tecla **Enter**. Também é possível ir diretamente para uma tela, pressionando **Ctrl+a** e o número da tela desejada. Outros comandos convenientes são:

- **Ctrl+a p**: Alternar para a tela anterior;
- **Ctrl+a n** ou Ctrl+a espaço: Alternar para a tela posterior;
- **Ctrl+a A**: Muda o título da tela.

Uma tela será fechada assim que o shell ou o comando (via argumento) contidonela for encerrado.

O screen pode dividir uma mesma tela para exibir diferentes tarefas lado a lado. O comando **Ctrl+a** S divide a tela horizontalmente e o comando **Ctrl+a** I divide a tela verticalmente. O comando **Ctrl+a Tab** muda a região ativa. Dentro de uma região podem ser utilizados os comandos para alternar telas. Para fechar um espaço, utiliza-se **Ctrl+a X**.

Todo o conteúdo exibido dentro do screen pode ser copiado entre as telas abertas. Para iniciar uma seleção, é utilizado o comando **Ctrl+a** [. Em seguida, o cursor deve ser posicionado no início ou no fim do texto que se quer copiar. Podem ser utilizadas as setas do teclado ou as mesmas teclas de navegação do editor vi. Após pressionar Enter, o conteúdo a ser copiado pode ser selecionado, também com as teclas de navegação. Para copiar o conteúdo selecionado, basta pressionar **Enter** novamente. Em outra tela, o texto será colado na posição atual do cursor com o comando **Ctrl+a**].

Caso ocorra uma interrupção na comunicação com o servidor onde o screen está em execução, será possível recuperar as mesmas telas e suas respectivas tarefas numa nova conexão, com o comando screen -D -R. A opção -D determina que o screen seja desanexado caso ainda esteja sendo exibido e a opção -R reutiliza a sessão em execução do screen. Este procedimento também é útil para dar continuidade a uma mesma atividade a partir de outro cliente conectado a mesma conta no servidor. Importante lembrar que o screen não armazena sessões no caso de desligamento do computador onde é executado.

Para desanexar um sessão voluntariamente, o comando **Ctrl+a d** deve ser executado. Para recuperar a sessão num outro momento, bastará invocar o comando **screen -R.**

Recursos de sistema

A administração de processos deve se basear nos recursos de hardware disponíveis. Basicamente, processos que ocupam muita memória ou processamento devem ser finalizados em situações de emergência.

O comando `free` mostra o montante total de memória ram, a quantidade de memória livre e o espaço de `swap`. Numa situação em u=que não há mais memória RAM disponível e o espaço de swap já está demasiado ocupado, existe a suspeita de que algum processo está ocupando muita memória indevidamente e deve ser finalizado.

Outro comando útil para identificar o consumo de recursos da máquina é o `uptime`:

```
# uptime
 20:46:36 up 28 days,  5:52,  1 user,  load average: 0.52, 0.55, 0.48
```

Os valores finais, *load average*, mostram a média de consumo geral de recursos de máquina que o sistema tem ocupado. Valores próximos de 1.00 indicam que o hardware está sendo muito exigido e que o sistema não está tendo bom desempenho.

103.6 Modificar a prioridade de execução de um processo

Peso 2

No Linux, como na maioria dos sistemas multitarefa, é possível atribuir prioridades aos processos. As prioridades são definidas com números chamados *números nice* (NI), usados para alterar a prioridade de CPU e balancear seu uso num ambiente multiusuário.

Todo processo comum é iniciado com uma prioridade-padrão (0). Números nice vão de 19 (prioridade mais baixa) a -20 (prioridade mais alta). Apenas o usuário root pode reduzir o número nice de um processo para abaixo de zero. É possível iniciar um comando com uma prioridade diferente da padrão por meio do comando `nice`. Por padrão, nice muda a prioridade para 10, podendo ser especificada como na forma:

```
nice -n 15 tar czf home_backup.tar.gz /home
```

Na qual o comando tar é iniciado com número nice 15.

Para alterar a prioridade de um processo em andamento, o comando `renice` é usado. A opção `-p` indica o PID do processo em questão. Exemplo:

```
# renice -10 -p 2997
2997: prioridade antiga = 0; prioridade nova = -10
```

As opções `-g` e `-u` permitem alterar todos os processos do grupo ou do usuário, respectivamente. Com `renice +5 -g users`, todos os processos de usuários do grupo `users` tiveram suas prioridades (número nice) alteradas para `+5`.

Além do comando `renice`, prioridades podem ser modificadas interativamente por meio do programa `top`. Quando na tela de processos, basta apertar a tecla `[R]` e indicar o número PID do processo.

103.7 Procurar em arquivos de texto usando expressões regulares

Peso 2

Expressões regulares são elementos de texto, palavras-chave e modificadores que formam um padrão, usado para encontrar e opcionalmente alterar um padrão correspondente.

O comando grep

Muitos programas suportam o uso desses elementos, e o comando `grep` é o mais comum para realizar buscas por eles, em textos. Alguns caracteres têm significado especial em expressões regulares, como mostrado na tabela **Caracteres especiais em expressões regulares**.

Um uso comum do grep é mostrar o conteúdo de arquivos de configuração excluindo apenas as linhas que correspondem a comentários, ou seja, as linhas que começam com o caractere #. Por exemplo, fazê-lo com o arquivo `/etc/lilo.conf`:

```
grep '^#' /etc/lilo.conf
```

Caracteres especiais em expressões regulares

Caractere	Finalidade
^	Começo de linha.
$	Fim de linha.
. (ponto)	Qualquer caractere.
*	Qualquer sequência de zero ou mais caracteres.
[]	Qualquer caractere que esteja presente nos colchetes.

Exemplo de uso dos colchetes – mostrar linhas de `/etc/lilo.conf` que contenham os termos `hda` ou `hdb`:

```
grep 'hd[ab]' /etc/lilo.conf
```

Opções comuns do comando grep:

- `-c`: Conta as linhas contendo o padrão;
- `-i`: Ignora a diferença entra maiúsculas e minúsculas.
- `-f`: Usa a expressão regular contida no arquivo indicado por essa opção;
- `-n`: Procura somente na linha indicada por essa opção;
- `-v`: Mostra todas as linhas exceto a que corresponder ao padrão.

Variações do grep

Dois comandos complementam as funções do grep: `egrep` e `fgrep`. O comando egrep é equivalente ao comando `grep -E`, ele incorpora outras funcionalidades além das expressões regulares padrão. Por exemplo, com o `egrep` pode-se usar o operador `pipe` "|", que atua como o operador `OU`:

```
egrep 'invenção|invenções'
```

Serão retornadas todas as ocorrências do termo *invenção* ou *invenções*.

Já o `fgrep` age da mesma forma que o `grep -F`, ou seja, ele deixa de interpretar expressões regulares. É especialmente útil nos casos mais simples, em que o que se quer é apenas localizar a ocorrência de algum termo simples:

```
fgrep 'andaluzia'
```

Dessa forma toda operação de expressão regular será ignorada, tornando o processo de localização muito mais rápido. Mesmo se forem utilizados caracteres especiais, como *$* ou ponto, estes serão interpretados literalmente, e não pelo que representam numa expressão regular.

Edição de padrões com sed

O comando sed é mais utilizado para procurar e substituir padrões em textos, mostrando o resultado em stdout. Sua sintaxe é

```
sed [opções] 'comando e expressão regular' [arquivo original]
```

No sed, a expressão regular fica circunscrita entre barras (/). Por exemplo, `sed -e '/^#/d' /etc/lilo.conf` mostra o arquivo `/etc/lilo.conf` sem as linhas começadas por # (linhas de comentário). A letra `d` ao lado da expressão regular é um comando `sed`, que indica a exclusão de linhas contendo o respectivo padrão. Por exemplo, para substituir o termo `hda` por `sdb`, usaríamos `sed -e 's/hda/sdb/g' /etc/lilo.conf`. Opções comuns de `sed`:

- `-e`: Executa a expressão e comando a seguir;
- `-f`: Lê expressões e comandos do arquivo indicado pela opção;
- `-n`: Não mostra as linhas que não correspondam à expressão.

Comandos comuns de sed:

- `s`: Substituir;
- `d`: Apaga a linha;
- `r`: Insere o conteúdo do arquivo indicado na ocorrência da expressão;
- `w`: Escreve a saída no arquivo indicado;
- `g`: Substitui todas as ocorrências da expressão na linha atual.

O sed não provoca alteração no arquivo de origem. Para esse propósito, é necessário direcionar a saída padrão do comando para um arquivo temporário, que por sua vez pode substituir o arquivo original.

103.8 Edição básica de arquivos com o vi

Peso 3

Na maioria das distribuições, o **vi** – *Visual Editor* – é o editor de textos padrão. Diferente dos editores de texto convencionais, o vi é voltado para operação em terminal, possuindo atalhos de teclado para todas as tarefas de edição.

Modos de execução

No vi existem os chamados modos de execução, nos quais as ações de teclado se comportam de maneira distinta. Há três modos de execução básicos no vi:

Teclas de navegação

Tecla(s)	Efeito
0, $	Início e fim de linha.
1G, G	Início e fim de documento.
(,)	Início e fim de sentença.
{, }	Início e fim de parágrafo.
w, W	Pular palavra e pular palavra contando com a pontuação.
h, j, k, l	Esquerda, abaixo, acima, direita.
/, ?	Busca para frente e para trás.
i	Entra no modo de inserção na posição atual do cursor.
a, A	Entra no modo de inserção depois do cursor ou no fim da linha.
o, O	Adiciona linha e entra no modo de inserção depois ou antes do cursor.
s, S	Apaga item ou linha e entra no modo de inserção.
c	Modifica um item com a inserção de texto.
r	Substitui um único caractere.
x	Apaga um único caractere.
y, yy	Copia um item ou toda linha.
p, P	Cola o conteúdo, copiado depois ou antes do cursor.
u	Desfazer.
ZZ	Fecha e salva, se necessário.
ZQ	Fecha e não salva.

Modo de navegação

É o modo inicial do vi. Nele as teclas do teclado atuam basicamente para navegação e edição de blocos de texto. Geralmente, os comandos são letras únicas. Se precedido por número, o comando será repetido correspondentemente ao valor desse número. Algumas teclas comuns usadas no modo de navegação podem ser vistas na tabela **Teclas de navegação**.

Modo de inserção

A maneira mais comum de entrar no modo de inserção é apertando a tecla [i] ou [A]. É o modo mais intuitivo, usado para digitar texto no documento. A tecla [ESC] sai do modo de inserção e volta para o modo de navegação.

Modo de comando

Acessível ao apertar a tecla [:] no modo de navegação. Usado para fazer buscas, salvar, sair, executar comandos no shell, alterar configurações do vi etc. Para retornar ao modo de navegação, usa-se a instrução *visual* ou simplesmente tecla-se [Enter] com a linha vazia. Veja a tabela **Comandos do vi** para mais detalhes.

Comandos do vi

Comando	Finalidade
:!	Permite executar um comando do shell.
:quit ou :q	Fecha.
:quit! ou :q!	Fecha sem gravar.
:wq	Salva e fecha.
:exit ou :x ou :e	Fecha e grava, se necessário.
:visual	Volta para o modo de comando.

Exercícios

Questões Tópico 103

1. A maneira correta de definir uma variável no BASH é:

a. $NOME=manuel braga

b. $NOME="manuel braga"

c. NOME=manuel braga

d. NOME="manuel braga"

2. No Bash, uma variável exportada estará disponível:

a. em todas as sessões do Bash.

b. somente nas sessões criadas a partir da sessão em que a variável foi exportada.

c. somente nas sessões anteriores do bash.

d. somente nas sessões diferentes da sessão em que a variável de ambiente foi exportada.

3. A linha de comando **comando_a || comando_b** significa que

a. o comando_a será executado em segundo plano.

b. o comando_b será executado em segundo plano.

c. o comando_a será executado somente se o comando_b falhar.

d. o comando_b será executado somente se o comando_a falhar.

4. Qual comando exibe continuamente os dados do final do arquivo à medida que são acrescentados?

a. tail -c

b. tail -f

c. tail -e

d. tail -d

5. O comando **paste** é utilizado para

a. colar o conteúdo da área de transferência

b. exibir o histórico de comandos

c. enviar um texto para outro usuário

d. exibir o conteúdo de dois arquivos lado a lado

6. Qual opção do comando tar indica operação com compactação bzip2?

a. b
b. z
c. j
d. bz2

7. Qual comando redireciona sua entrada padrão para um arquivo e para a saída padrão ao mesmo tempo? Dê somente o comando, sem argumentos.

8. Quais comandos podem alterar a prioridade de um processo em execução? Marque todas as respostas corretas.

a. nice
b. renice
c. ps
d. top

9. Numa expressão regular, qual caractere indica o final da linha?

a. *
b. ^
c. ~
d. $

10. No modo de comando do editor Vi, a letra A (maiúscula) tem finalidade de

a. mudar todas as letras da linha para maiúsculas.
b. alterar a letra sob o cursor.
c. inserir uma nova linha após a linha atual.
d. entrar no modo de inserção no final da linha atual.

Peso total do tópico na prova: 15

Tópico 104:

Dispositivos, sistemas de arquivos Linux e padrão FHS – Filesystem Hierarchy Standard

Principais temas abordados:

- Configuração de partições, criação de sistemas de arquivos e swap;
- Manutenção de sistemas de arquivos;
- Configuração de montagem de partições e cotas de disco;
- Permissões de acesso;
- Links para arquivos e diretórios;
- Como localizar arquivos.

104.1 Criar partições e sistemas de arquivos

Peso 2

Antes de poder armazenar os arquivos, todo disco rígido precisa ser particionado, ou seja, é necessário que sejam dimensionados os limites onde serão criados cada sistema de arquivos dentro do dispositivo.

A maioria dos disco rígidos já sai de fábrica com uma partição criada, que ocupa todo o espaço disponível no dispositivo. Como já vimos, nem sempre utilizar uma partição única no dispositivo é a melhor solução, principalmente em ambientes Linux.

A modalidade mais comum de partição de disco são as partições *primárias*, das quais uma pode ser do tipo *estendida* e, por sua vez, dividida em mais partições *lógicas*.

fdisk

O **fdisk** é o programa padrão para manipular partições no Linux. Com a opção `-l`, ele lista os dispositivos e as partições existentes. Para manipular partições, o fdisk deve ser iniciado tendo como argumento o dispositivo em questão.

Uma vez dentro do fdisk, algumas letras corresponderão a comandos. Alguns comandos bastante utilizados podem ser vistos na tabela **Comandos do fdisk**.

Cada partição possui um número hexadecimal que a identifica como apropriada a um determinado sistema operacional. O fdisk cria novas partições identificadas como nativas de Linux, cujo código hexadecimal é **83** (0x83). O código de identificação de partições do tipo swap é **82** (0x82).

GPT

Devido às limitações do padrão MBR, o padrão GPT está se tornando cada vez mais utilizado. A tabela de partições no formato MBR pode trabalhar com discos de no máximo 2TiB, o que não ocorre com o GPT. Outras características do MBR, como o limite de quatro partições principais e os códigos de identificação de partição com apenas 1 byte também foram superadas. A sigla GPT vem do inglês: Globally Unique Identifier (GUID) Partition Table (GPT).

Os comandos que utilizam a biblioteca libparted, como o parted, são capazes de trabalhar com tabelas GPT. Contudo, o comando gdisk é mais indicado quando se lida com GPT. Algumas versões não atualizadas da libparted não funcionam corretamente.

O comando gdisk é correlato ao tradicional fdisk na maneira de ser utilizado e em finalidade. Ele permite um ajuste mais preciso de várias configurações da tabela GPT, como a criação de mais de 128 partições, o que não pode ser feito com o parted.

O gdisk irá converter automaticamente o MBR para GPT assim que for utilizado para alterar a tabela de partições de um dispositivo. Como com o comando fdisk, as modificações serão efetivadas somente depois ao sair da interface de menus com o comando w.

Espaço no final do dispositivo

O gdisk armazena uma cópia de segurança da MBR no final do dispositivo. Portanto, pode ser necessário reduzir a última partição do dispositivo antes de fazer a conversão para GPT. Serão necessários 33 setores, o que corresponde a pouco mais de 2KB. Portanto, reduzir a última partição em 4KB oferece uma boa margem de segurança. O comando parted pode ser utilizado para fazer a redução.

Para alterar o dispositivo /dev/sdb, basta fornecer o caminho como argumento para o comando gdisk:

```
# gdisk /dev/sdb
GPT fdisk (gdisk) version 0.8.8
Partition table scan:
MBR: MBR only
BSD: not present
APM: not present
GPT: not present
***************************************************************
Found invalid GPT and valid MBR; converting MBR to GPT format
in memory. THIS OPERATION IS POTENTIALLY DESTRUCTIVE! Exit by
typing 'q' if you don't want to convert your MBR partitions
to GPT format!
***************************************************************
```

Command (? for help):

Assim como no fdisk, o comando p do gdisk exibe informações básicas sobre as partições do dispositivos:

```
Command (? for help): p
Disk /dev/sdb: 2147483648 sectors, 1024.0 GiB
Logical sector size: 512 bytes
Disk identifier (GUID): 1EC3DE34-0A11-4C47-8A8C-01DFEA4681A6
Partition table holds up to 128 entries
First usable sector is 34, last usable sector is 2147483614
Partitions will be aligned on 8-sector boundaries
Total free space is 2028 sectors (1014.0 KiB)
Number    Start (sector)     End (sector)    Size       Code      Name
1           2048             976562500   465.7 GiB   0700   Microsoft basic data
2       976562501            2147483600   558.3 GiB   8300   Linux filesystem
```

Command (? for help):

Diferente do padrão MBR, o GPT não utiliza cilindros e blocos como métrica. As unidades são setores e múltiplos de byte. Note também que o código das partições tem 4 dígitos. Em geral, os códigos são os mesmos do padrão antigo, acrescidos de dois zeros. Também há códigos novos, como o 8302, que pode ser utilizado para a partição correspondente ao diretório /home.

A conversão para GPT será feita ao encerrar o gdisk com o comando w:

Command (? for help):

```
Final checks complete. About to write GPT data. THIS WILL OVERWRITE EXISTING
PARTITIONS!!
Do you want to proceed? (Y/N): Y
OK; writing new GUID partition table (GPT) to /dev/sdb.
The operation has completed successfully.
```

Após a confirmação com Y, a tabela de partições do dispositivo será convetida para GPT. O resultado pode ser verificado com o comando gdisk -l /dev/sdb, que exibe informações básicas sobre a tabela de partições dispositivo:

```
# gdisk -l /dev/sdb
GPT fdisk (gdisk) version 0.8.8
Partition table scan:
MBR: protective
BSD: not present
APM: not present
GPT: present
Found valid GPT with protective MBR; using GPT.
Disk /dev/sdb: 2147483648 sectors, 1024.0 GiB
Logical sector size: 512 bytes
Disk identifier (GUID): 1EC3DE34-0A11-4C47-8A8C-01DFEA4681A6
Partition table holds up to 128 entries
First usable sector is 34, last usable sector is 2147483614
Partitions will be aligned on 8-sector boundaries
Total free space is 2028 sectors (1014.0 KiB)
Number    Start(sector)    End(sector)    Size       Code    Name
1           2048           976562500      465.7 GiB  0700    Microsoft basic data
2         976562501        2147483600     558.3 GiB  8300    Linux filesystem
```

Pode-se observar que as partições mantiveram-se as mesmas, com seus dados preservados. Já a tabela de partições está no padrão GPT. A MBR continua presente, num estado chamado protective. Assim as informações do carregador são mantidas, mas serão atualizadas a partir da tabela GPT. Comandos incompatíveis, como o fdisk, não poderão mais ser utilizados para editar a tabela de partições de um dispositivo GPT.

Redimensionar partição

Existem situações onde simplesmente descartar os dados de um dispositivo para reparticioná-lo não é uma opção apropriada. Mesmo que seja possível recuperar os dados a partir de cópias de backup, o procedimento pode exigir muitas horas ou mesmo dias de trabalho. Para redimensionar e reformular as partições em um dispositivo, pode ser utilizado o comando parted.

O parted é invocado com o caminho do dispositivo como argumento. O parted fornece um ambiente onde todas as operações são no dispositivos são efetuadas por comandos. Supondo que seja necessário redimensionar partições do dispositivo / dev/sdb:

```
# parted /dev/sdb
GNU Parted 2.3
Using /dev/sdb
Welcome to GNU Parted! Type 'help' to view a list of commands.
(parted) p
Model: QEMU QEMU HARDDISK (scsi)
Disk /dev/sdb: 1100GB
Sector size (logical/physical): 512B/512B
Partition Table: msdos
Number   Start    End     Size     Type     File system    Flags
1        1049kB  1100GB  1100GB   primary  ntfs            boot
```

O comando p do parted listou apenas uma partição, com o sistema de arquivos NTFS. Essa partição está ocupado todo o espaço do dispositivo. Seu redimensionamento é realizado com o comando resizepart do parted:

```
(parted) resizepart 1 500GB
Warning: Shrinking a partition can cause data loss, are you sure you want to
continue?
Yes/No? Yes
```

Os dois argumentos do comando resizepart são o número da partição, exibido pelo comando p, e o final da partição no dispositivo. O término da partição pode ser especificado com um sufixo para designar a unidade utilizada, como MB, GB ou TB. A operação deve ser confirmada escrevendo YES quando solicitado. A partição é redimensionada imediatamente após a confirmação. Os sistemas de arquivos nas partições redimensionadas devem ser ajustados para o novo tamanho da partição. Os sistemas de arquivos ext3 e ext4 têm seus tamanhos ajustados com o comando resize2fs.

Novas partições podem ser criadas a partir do próprio parted, com o comando mkpart:

```
(parted) mkpart primary ext4 500GB 1100GB
```

O primeiro argumento definiu a partição como primária, o segundo o tipo de sistema de arquivos que a partição receberá e o terceiro e quarto definem o ponto inicial e final da partição, respectivamente. O segundo argumento apenas define o número de identificação apropriado para o sistema de arquivos escolhido (neste caso, 83). Para também criar o sistema de arquivos, deve ser utilizado o comando mkpartfs ou o comando próprio de cada sistema de arquivos. O mkpartfs tem a mesma sintaxe do mkpart.

Antes de redimensionar uma partição, é importante verificar se há espaço livre suficiente na partição que será reduzida. Além disso, os dados da partição que será reduzida devem ser acomodados no começo da partição. Para isso, deve ser utilizado a ferramenta de desfragmentação apropriada para o sistema de arquivos utilizado.

Toda operação que altera as partições do dispositivo pode causar perda de dados, portanto é recomendável fazer uma cópia de segurança do dispositivo antes de efetuá-las. O próprio parted informará sobre os riscos envolvidos nas operações. Para maior facilidade, é possível utilizar uma interface gráfica para o parted, como o programa gparted.

Criação de sistemas de arquivos:

Durante muito tempo, o sistema de arquivos mais utilizado no Linux foi o **ext2** (*second extended*). Hoje são mais indicados os sistemas de arquivos com recurso de *journalling*, como o **ext3**, o **ext4** ou o **xfs**. Para recursos mais sofisticados, como snapshots e checksums, recomenda-se usar o btrfs

Comandos do fdisk

Comando	Finalidade
p	Lista as partições.
n	Cria uma nova partição interativamente.
t	Muda o código de identificação da partição.
d	Apaga uma partição.
q	Sai do fdisk sem gravar as alterações.
w	Sai do fdisk e grava as alterações.
m	Mostra a ajuda de comandos.

ext2 para ext3

Um sistema de arquivos **ext2** pode ser convertido para **ext3** sem perda de dados, com o comando `tune2fs -j /dev/hdx`.

A diferença para um sistema de arquivos com journalling é que esse recurso registra de antemão todas as alterações que realizará no disco. Dessa forma, erros de gravação (normalmente ocasionados por queda de energia ou desligamento incorreto) podem ser mais facilmente diagnosticados e solucionados.

O comando `mkfs` pode criar diversos sistemas de arquivos em partições, em que a opção `-t` indica o tipo de sistema de arquivos. Para criar uma partição ext3 na partição `/dev/hda3`, usa-se `mkfs -t ext3 /dev/hda3`. Há também comandos específicos para cada sistema de arquivos: `mkfs.ext2`, `mke2fs`, `mkfs.ext3`, `mkfs.xfs`, `mkfs.ext4`, `mkdosfs` e `mkfs.vfat`. Sem parâmetros, o mkfs cria um sistema de arquivos ext2

Partição swap

A partição definida como swap precisa ser formatada com o comando `mkswap`. Por exemplo, `mkswap /dev/hda2`. Depois disso, a partição precisa ser ativada para ser usada como área de troca. O comando `swapon -a` ativa todas as partições swap que constarem no arquivo `/etc/fstab`. As entradas referentes a partições swap em `/etc/fstab` não têm ponto de montagem. Exemplo de entrada swap em `/etc/fstab`:

```
/dev/hda2   swap   swap   defaults   0 0
```

Normalmente, todas as partições swap contidas em `/etc/fstab` são ativadas pelos scripts de inicialização do sistema. Para ativar ou desativar essa partição manualmente, usa-se `swapon /dev/hda2` e `swapoff /dev/hda2`, respectivamente. Informações sobre as áreas de swap ativas podem ser encontradas no arquivo `/proc/swaps`.

104.2 Manutenção da integridade de sistemas de arquivos

Peso 2

Ambientes onde há muita atividade de leitura e escrita de dados em disco podem eventualmente apresentar falhas, principalmente no caso de falhas de hardware ou desligamento abrupto. Por isso é recomendável fazer a checagem e eventual correção esporádica das partições.

Checando o sistema de arquivos

O comando `fsck` deve ser executado em partições que apresentarem erros ou em dispositivos que foram desligados incorretamente. A partição deverá estar desmontada ou montada como somente-leitura (*ro*), para a verificação.

Como o comando mkfs, o fsck possui a opção `-t` para especificar o tipo do sistema de arquivos e um comando específico para cada partição: `fsck.ext2` ou `e2fsck`, `fsck.ext3`, `fsck.xfs`, `reiserfsck` e `dosfsck`.

Examinando e corrigindo o sistema de arquivos

Um dos comando mais importantes para a inspeção de sistemas de arquivos é o `debugfs`, um depurador interativo de sistemas de arquivos ext2 e ext3. Com ele é possível realizar tarefas de baixo nível como mudar propriedades de diretórios, examinar dados de *inodes*, apagar arquivos, criar links, mostrar o log de journalling etc. É usado em casos extremos, geralmente quando o fsck não foi capaz de solucionar um problema.

Outros comandos importantes para inspecionar e alterar sistemas de arquivos são:

- `dumpe2fs`: Mostra informações de grupo de blocos e de superblocos;
- `tune2fs`: Configura parâmetros ajustáveis em sistemas de arquivos ext2, como rótulo e limites de montagem, antes de checar automaticamente esses sistemas.

Esses comandos são específicos para os sistemas de arquivos ext2 e ext3*. Para o sistema de arquivos xfs, existem os dois comandos semelhantes `xfs_metadump` e `xfs_info`. O `xfs_metadump` extrai todos os dados referentes ao sistema de arquivos em si (com exceção dos próprios arquivos e diretórios). Já o `xfs_info` exibe as características e outras informações estatísticas sobre o sistema de arquivos xfs em questão.

Análise de espaço em disco

Dois comandos são essenciais para analisar o espaço em disco ocupado por arquivos em uma partição, o `df` e o `du`:

- `df`: Mostra o espaço ocupado e disponível em cada dispositivo. A análise é feita diretamente no dispositivo. Por padrão, mostra o espaço em unidades de 1 KB. A opção `-h` usa medidas – como *megabytes* ou *gigabytes* – apropriadas para tornar a saída mais inteligível. Com a opção `-T` exibe também o tipo dos sistemas de arquivos de cada dispositivo. A opção -i exibe o uso de inodes em cada sistema de arquivos montado.
- `du`: Mostra o espaço ocupado por arquivos e/ou diretórios. Sem argumentos, mostra o uso de cada diretório no sistema. Um diretório específico pode ser indicado pela opção `-s`. A opção `-h` usa medidas apropriadas para tornar a saída mais inteligível.

* Todos os comandos relacionados ao ext2 e ext3 também são compatíveis com a nova versão do sistema de arquivos, o ext4. Contudo, o sistema de arquivos ext4 não é abordado nas provas de certificação.

104.3 Controle da montagem e desmontagem dos sistemas de arquivos

Peso 3

Todos os sistemas de arquivos criados durante a instalação do Linux serão montados (disponibilizados para gravação e/ou leitura) automaticamente toda vez que o sistema for iniciado. As informações sobre cada sistema de arquivos e de que forma devem ser montados ficam armazenadas no arquivo `/etc/fstab`.

fstab

Para que os sistemas de arquivos sejam montados automaticamente durante o carregamento do sistema é necessário que exista uma entrada para cada um deles no arquivo `/etc/fstab`. Nesse arquivo são determinados as partições, o tipo de sistema de arquivos, o ponto de montagem e opções. Cada linha corresponde a um ponto de montagem e contém os seguintes termos, separados por tabulações ou espaços:

- Partição do dispositivo; Pode ser utilizado LABEL= ou UUID= para determinar o dispositivo
- Ponto de montagem (swap se tratar-se de uma área de troca);
- Tipo de sistema de arquivos;
- Opções, demonstradas na tabela **Opções de montagem**.

Opções de montagem

Opção	Finalidade
rw	Dados poderão ser gravados na partição.
ro	Dados não poderão ser gravados na partição. Permitida apenas leitura de dados.
noauto	Não montar automaticamente (opção exclusiva de `/etc/fstab`).
users	O dispositivo poderá ser montado e desmontado por usuários comuns.
user	Apenas o usuário que montou o sistema de arquivos terá permissão de desmontá-la.
owner	As permissões do dispositivo montado se adequarão ao usuário que o montou.
usrquota	Aciona o uso de cotas de disco para usuário.
grpquota	Aciona o uso de cotas de disco para grupo.
remount	Remonta um dispositivo montado, podendo utilizar opções adicionais. Útil para remontar um dispositivo como somente leitura, por exemplo. Exclusivo para montagem manual.

- dump (0 ou 1): Determina se o dispositivo deverá ser considerado pelo comando dump. Se ausente, 0 é considerado;
- fsck (1 ou 2): Determina a ordem da checagem feita pelo fsck durante a inicialização. Para a partição raiz, deve ser 1. Se ausente, 0 é presumido e a checagem não é feita no boot.

Para permitir que usuários comuns montem e desmontem dispositivos – geralmente, o caso de dispositivos removíveis como DVDs –, deve-se incluir a opção *users* para o respectivo dispositivo no /etc/fstab. Via de regra, os dispositivos de armazenamento removíveis devem possuir os respectivos pontos de montagem no diretórios /media.

O termo *auto* na posição referente ao sistema de arquivos indica que o sistema de arquivos deve ser identificado automaticamente. Para mais opções do arquivo /etc/fstab veja a tabela **Opções de montagem**.

Montagem manual de sistemas de arquivos

A montagem manual de sistemas de arquivos é importante quando não for configurada uma entrada em /etc/fstab para uma determinada partição ou quando for utilizado um meio de boot alternativo, como um *Live CD*. O comando universal de montagem de dispositivos é o mount.

Quando usado sem argumentos, o mount mostra os dispositivos montados e outros detalhes, como ponto de montagem e tipo do sistema de arquivos:

```
# mount
/dev/sda5 on / type xfs (rw)
tmpfs on /lib/init/rw type tmpfs (rw,nosuid,mode=0755)
proc on /proc type proc (rw,noexec,nosuid,nodev)
sysfs on /sys type sysfs (rw,noexec,nosuid,nodev)
procbususb on /proc/bus/usb type usbfs (rw)
udev on /dev type tmpfs (rw,mode=0755)
tmpfs on /dev/shm type tmpfs (rw,nosuid,nodev)
devpts on /dev/pts type devpts (rw,noexec,nosuid,gid=5,mode=620)
/dev/mapper/lnm-home on /home type xfs (rw)
/dev/mapper/lnm-var on /var type xfs (rw)
/dev/sda1 on /boot type ext3 (rw)
fusectl on /sys/fs/fuse/connections type fusectl (rw)
```

Para montar manualmente um sistema de arquivos que conste em /etc/fstab, basta fornecer para o comando mount a localização da partição/dispositivo ou do ponto de montagem. Para desmontar um dispositivo, o comando umount é utilizado, tendo como argumento o dispositivo ou o ponto de montagem a ser desmontado. Usado com a opção -a, mount monta todos os dispositivos em /etc/fstab, exceto os marcados com a opção noauto.

A maioria das opções de montagem são as mesmas para `/etc/fstab` e para `mount`. Se mais de uma opção for fornecida, estas deverão ser separadas por vírgula.

104.4 Administrar cotas de disco

Peso 1

Em certas circunstâncias, principalmente quando muitos usuários acessam o mesmo sistema, é recomendável ativar o recurso de cotas de disco. Com ele, é possível limitar a quantidade de espaço em disco que um determinado usuário ou grupo de usuários poderá utilizar.

Para acionar o controle de cotas de disco, é necessário incluir a opção `usrquota` ou `grpquota` no arquivo `/etc/fstab` e que o kernel tenha suporte a esse recurso. Para que a opção adicionada tenha efeito, é necessário remontar o sistema de arquivos.

Análise e controle de cotas

Para gerar a tabela de estatísticas de uso do sistema de arquivos, deve-se executar o `quotacheck -a`, o que é normalmente feito pelos scripts de inicialização.

Para criar as configurações de cota para usuários e grupos, usa-se o comando `edquota`. A opção `-u` altera as configurações de cota para o usuário especificado, da mesma forma que `-g` altera para o grupo especificado. O editor padrão do sistema (geralmente o editor vi) é usado para editar esses arquivos.

Essas configurações são armazenadas no ponto de montagem da partição em questão, nos arquivos `aquota.user` e `aquota.group`. Nesses arquivos, é possível especificar limites como espaço e inodes para o usuário ou grupo.

Para que as cotas passem a ser monitoradas e controladas, deve-se executar o comando `quota -a`. Assim, os limites para cada usuário serão comparados à tabela de estatísticas de cotas, até que um dos limites seja alcançado e o usuário não disponha de mais espaço.

É possível, também, estabelecer um período em que o usuário será avisado de que seu limite foi alcançado, com o comando `edquota` com a opção `-ta`.

Para que o usuário acompanhe o status de sua cota, basta executar o comando quota sem argumentos. O usuário root pode gerar relatórios de cota dos sistemas de arquivos com o comando `repquota -a`.

104.5 Controlar permissões e propriedades de arquivos

Peso 3

Em sistemas de arquivos do padrão Unix, existe um sistema de permissão que determina a quem pertence um determinado arquivo ou diretório e quais usuários ou grupos podem utilizá-los. Para arquivos e diretórios há três níveis de permissão: *usuário dono do arquivo (***u***)*, *grupo dono do arquivo (***g***)* e *outros (***o***)*.

As permissões são exibidas ao listar os arquivos com o comando `ls`, utilizando a opção `-l`:

```
# ls -l /etc/X11/
total 36
drwxr-xr-x 3 root root    18 Abr  7 12:09 fonts
-rw-r--r-- 1 root root 17394 Out  5  2008 rgb.txt
drwxr-xr-x 2 root root    23 Abr  7 08:38 Xresources
-rwxr-xr-x 1 root root  3517 Mar  8  2008 Xsession
drwxr-xr-x 2 root root  4096 Abr  7 12:09 Xsession.d
-rw-r--r-- 1 root root   265 Fev 13  2007 Xsession.options
-rw------- 1 root root   614 Abr  7 08:38 Xwrapper.config
```

A primeira letra representa o tipo do arquivo, podendo ser:

- **d**: Diretório;
- **l**: Link simbólico;
- **c**: Dispositivo especial de caracteres;
- **p**: Canal fifo;
- **s**: Socket;
- -: Arquivo convencional.

As demais letras são divididas em grupos de três, determinando as permissões para o dono do arquivo, o grupo do arquivo e demais usuários, respectivamente.

Alterando permissões

As permissões são alteradas com o comando `chmod` e podem ser de leitura (**r**), escrita (**w**) e execução (**x**). Por exemplo, o grupo a que pertence o arquivo `texto_simples.txt` terá apenas acesso de leitura a ele e para os demais usuários será retirada a permissão de leitura:

```
$ chmod g=r,o-r texto_simples.txt
```

Para incluir permissão de escrita para o grupo do arquivo texto_simples.txt:

```
$ chmod g+w texto_simples.txt
```

Apesar de possuírem o mesmo modelo de permissões, arquivos e diretórios reagem de maneiras diferentes. Em diretórios, a permissão r possibilita acessar o conteúdo do diretório, a permissão w permite criar arquivos dentro do diretório e x permite listar o conteúdo do diretório.

Permissões octais

Permissões podem ser manejadas mais eficientemente através de um formato numérico, chamado octal. O número octal consiste em uma sequência de dígitos, cada um representando as permissões para o usuário, grupo e outros, nessa ordem. Veja **Permissões octais.**

Dessa forma, o comando chmod 0664 texto_simples.txt mudará as permissões do arquivo texto_simples.txt para -rw-rw-r--, ou seja, leitura e escrita para o usuário, leitura e escrita para o grupo e somente leitura para outros.

Para mudar recursivamente todos os arquivos dentro de um diretório especificado, utiliza-se o chmod com a opção -R.

umask

O umask é o filtro de permissões para criação de arquivos. As permissões para novos arquivos criados são determinadas a partir dele. Toda vez que um novo arquivo é criado por um usuário ou programa, suas permissões serão calculadas subtraindo as permissões padrão pelo valor de umask. As permissões padrão do sistema para arquivos é 0666 e para diretórios, 0777.

O comando umask, sem argumentos, mostra a máscara atual de criação de arquivos. Para mudar, basta fornecer a nova máscara como argumento. Em sistemas em que os grupos iniciais dos usuários são particulares, a máscara poderá ser 002, o que subtrairá das permissões padrão do sistema a permissão 2 (w, escrita), na categoria outros (o). Dessa forma, os arquivos serão criados com as permissões 0664.

Permissões octais e seus significados

Dígito	Leitura (valor 4)	Escrita (valor 2)	Execução (valor 1)
0	–	–	–
1	–	–	Sim
2	–	Sim	–
3	–	Sim	Sim
4	Sim	–	–
5	Sim	–	Sim
6	Sim	Sim	–
7	Sim	Sim	Sim

Em sistemas em que o grupo inicial de todos os usuários é o grupo *users*, a máscara poderá ser 0022, o que subtrairá das permissões padrão do sistema a permissão 2 (w, escrita), nas categorias grupo (g) e outros (o). Dessa forma, os arquivos serão criados com as permissões 0644, limitando a permissão de escrita apenas ao usuário dono do arquivo.

suid e sgid

Todos os processos são vinculados ao usuário que os iniciou. Dessa forma, o programa terá as mesmas permissões de leitura e escrita do usuário que o executou. Algumas tarefas, no entanto, exigem que um usuário altere ou acesse arquivos para os quais não tem a permissão necessária. Por exemplo, alterar a própria senha exige que o arquivo `/etc/passwd` seja alterado, mas as permissões de `/etc/passwd` só permitem escrita ao usuário dono deste arquivo (root):

```
# ls -l /etc/passwd
-rw-r--r-- 1 root root 1400 Mai  7 16:10 /etc/passwd
```

Para contornar essa condição, existe um tipo de permissão especial, chamado `suid`. Arquivos executáveis que possuam a permissão suid serão executados com as mesmas permissões do dono do arquivo e não com as permissões de quem os executou. A permissão suid é representada pela letra `s`, no campo referente ao dono do arquivo (`u`):

```
# ls -l /usr/bin/passwd
-rwsr-xr-x 1 root root 31640 Nov 22 14:01 /usr/bin/passwd
```

Para incluir o modo suid em um arquivo executável, utiliza-se:

```
$ chmod u+s meu_programa
```

De maneira semelhante, a permissão `sgid` atua em diretórios. Ela é uma permissão de grupo, portanto aparece no campo de permissões referente ao grupo.

Num diretório com a permissão `sgid`, todos os arquivos criados pertencerão ao grupo do diretório em questão, o que é especialmente útil em diretórios com o qual trabalham usuários pertencentes ao mesmo grupo.

Quando ativadas, as permissões `suid` e `sgid` fazem aparecer a letra `s` no lugar da letra `x` nas permissões de dono do arquivo e grupo do arquivo, respectivamente. Se a permissão de execução também existir, aparecerá a letra **s** minúscula. Se apenas as permissões suid e sgid existirem, aparecerá a letra **S** maiúscula.

A permissão sticky(aderência)

O inconveniente em usar diretórios compartilhados é que um usuário poderia apagar algum ou todo o conteúdo inadvertidamente. Para evitar que isso aconteça, existe o modo de permissão sticky, que impede que usuários apaguem arquivos não criados por eles mesmos. É o caso do diretório `/tmp`:

```
# ls -ld /tmp
drwxrwxrwt 8 root root 24576 Mai  8 17:58 /tmp
```

A letra **t** nas permissões para demais usuários demonstra o uso da permissão sticky. Se apenas a permissão sticky existir, aparecerá a letra **T** maiúscula.

Por exemplo, atribuir a permissão sticky no diretório chamado `workgroup`:

```
$ chmod o+t workgroup
```

Permissões especiais em formato octal

Como as opções convencionais, as permissões especiais também podem ser manipuladas em formato octal (numérico). A permissão especial é o primeiro dos quatro dígitos da opção no formato octal. A tabela **Permissões especiais em formato octal** detalha essa correspondência.

Permissões especiais em formato octal

Dígito	suid (valor 4)	sgid (valor 2)	sticky (valor 1)
0	–	–	–
1	–	–	Sim
2	–	Sim	–
3	–	Sim	Sim
4	Sim	–	–
5	Sim	–	Sim
6	Sim	Sim	–
7	Sim	Sim	Sim

Modificar donos e grupos de arquivos

Para alterar dono e grupo de arquivos e diretórios, utiliza-se os comandos `chown` e `chgrp`. O primeiro argumento é um nome válido de usuário ou grupo e o segundo é o arquivo ou diretório a ser alterado. Apenas o root pode usar o comando `chown`, mas qualquer usuário pode usar chgrp em seus arquivos e diretórios.

Mudar dono de arquivo usando o `chown`:

```
$ chown luciano texto_simples.txt
```

Mudar grupo de arquivo:

```
$ chgrp users texto_simples.txt
```

Para alterar usuário e grupo simultaneamente:

```
$ chown luciano.users texto_simples.txt
```

ou

```
$ chown luciano:users texto_simples.txt
```

Tanto chown quanto chgrp possuem a opção `-R` para alterar conteúdos de diretórios recursivamente.

104.6 Criar e alterar links simbólicos e hardlinks

Peso 2

Links são arquivos especiais que têm finalidade de atalho para outros arquivos, facilitando a maneira como são acessados. Existem dois tipos de links: o link simbólico e o hardlink (ou link físico).

Hardlinks (links físicos)

Hardlinks são um ou mais nomes que um *inode* do sistema de arquivos pode ter. Todo arquivo criado é, necessariamente, um hardlink para seu inode correspondente.

Novos hardlinks são criados usando o comando `ln`:

> **O que é um inode?**
>
> Um inode é o elemento básico que identifica o arquivo no sistema de arquivos. O primeiro inode de um arquivo carrega suas propriedades e indica em quais outros inodes do sistema de arquivos os dados deste arquivo estão localizados.Em alguns sistemas de arquivos, como o ext2 e ext3, o número de inodes é fixo e definido no momento de sua criação

```
$ ln texto_simples.txt outro_texto_simples.txt
```

A opção `-i` do comando `ls` mostra o número dos inodes dos arquivos:

```
$ ls -i texto_simples.txt outro_texto_simples.txt
55412 outro_texto_simples.txt  55412 texto_simples.txt
```

Ambos `texto_simples.txt` e `outro_texto_simples.txt` são hardlinks para o mesmo inode *55412*. Hardlinks para o mesmo inode possuem mesma permissão, donos, tamanho e data, pois esses atributos são registrados diretamente nos inodes.

```
$ ls -l texto_simples
-rw-r--r--  2 luciano users 29 2006-01-01 00:01 texto_simples
```

O número 2 na segunda coluna de informações demonstra que há dois hardlinks para o inode correspondente ao arquivo `texto_simples.txt`. Um arquivo só é de fato apagado do sistema de arquivos quando o último hardlink remanescente é excluído.

Hardlinks só podem ser criados dentro de um mesmo sistema de arquivos. Não é possível criar hardlinks para diretórios. Os arquivos especiais `.` e `..` são hardlinks para diretório criados exclusivamente pelo próprio sistema.

Softlinks (links simbólicos)

Links simbólicos podem apontar para qualquer alvo, inclusive em sistemas de arquivos diferentes. Para criar um link simbólico, usa-se `ln` com a opção `-s`.

```
$ ln -s texto_simples.txt link_texto_simples.txt
```

Detalhes do link:

```
$ ls -l mais_texto_simples.txt
lrwxrwxrwx 1 luciano users 13 2006-03-24 05:11 mais_texto_simples.txt ->
↪texto_simples.txt
```

Um link é indicado pela letra `l` no início das permissões que, nesse caso, são sempre `rwxrwxrwx`. O tamanho do arquivo de link é exatamente a quantidade de bytes (caracteres) do caminho alvo. A seta ao lado do nome do link simbólico indica o caminho até o alvo.

Um link simbólico para um caminho relativo será quebrado se o alvo ou o próprio link for movido. Um link simbólico para um caminho absoluto só será quebrado se o alvo for movido ou apagado. Para atualizar a informação de alvo de um link simbólico existente mas "quebrado", recria-se o link com a opção `-f`.

Funções comuns para links simbólicos são indicar caminhos longos frequentemente usados, criar nomes mais simples para arquivos executáveis e nomes adicionais para bibliotecas de sistema.

104.7 Encontrar arquivos de sistema e conhecer sua localização correta

Peso 2

Todo arquivo tem uma localização adequada, que varia conforme sua finalidade. Em sistemas Linux, o padrão que define a localização dos arquivos e diretórios chama-se *Filesystem Hierarchy Standard* – FHS.

FHS

O FHS (do inglês *Filesystem Hierarchy Standard*, ou Hierarquia Padrão de Sistemas de arquivos) é o padrão de localização de arquivos adotado pela maioria da distribuições Linux. Cada um dos diretórios serve a um propósito, sendo divididos entre os que devem existir na partição raiz (tabela **Diretórios que residem obrigatoriamen-**

te na partição raiz) e os que podem ser pontos de montagem para outras partições ou dispositivos (veja a tabela **Diretórios que podem ser pontos de montagem**).

Diretórios que residem obrigatoriamente na partição raiz

Diretório	Finalidade
`/bin` e `/sbin`	Contêm os programas necessários para carregar o sistema e comandos especiais.
`/etc`	Arquivos de configuração específicos da máquina.
`/lib`	Bibliotecas compartilhadas pelos programas em `/bin` e `/sbin` e módulos do kernel.
`/mnt` e `/media`	Pontos de montagem para outras partições ou dispositivos.
`/proc` e `/sys`	Diretórios especiais com informações de processos e hardware.
`/dev`	Arquivos de acesso a dispositivos e outros arquivos especiais.

Diretórios que podem ser pontos de montagem

Diretório	Conteúdo
`/boot`	Kernel e mapas do sistema e os carregadores de boot de segundo estágio.
`/home`	Os diretórios dos usuários.
`/root`	Diretório do usuário root.
`/tmp`	Arquivos temporários.
`/usr/local` e `/opt`	Programas adicionais compilados pelo administrador. Também podem conter as bibliotecas necessárias para os programas adicionais.
`/var`	Dados de programas e arquivos relacionados, arquivos de log, bancos de dados e arquivos de sites. Pode conter diretórios compartilhados.

Localizando arquivos

Além do find, que foi visto no **objetivo 103.3**, outro programa importante para a tarefa de encontrar um arquivo é o comando `locate`. Sua utilização é simples, todo caminho de arquivo ou diretório contendo a expressão fornecida como argumento será mostrado.

A busca com o locate é significativamente mais rápida em relação ao find, pois ele realiza a busca em seu banco de dados e não diretamente no disco. Esse banco de dados precisa ser regularmente atualizado por meio do comando `updatedb`, o que é geralmente feito por um agendamento diário, mas que pode ser executado manualmente.

O arquivo de configuração do updatedb é o `/etc/updatedb.conf`. Nele, constam informações como quais diretórios e sistemas de arquivos ignorar na atualização do banco de dados.

O comando `which` é usado para retornar o caminho completo para o programa fornecido. Realiza a busca apenas nos diretórios definidos na variável de ambiente PATH. Por fim, o comando `whereis`, que retorna os caminhos para o arquivo executável, o código-fonte e a página manual referente ao comando solicitado, se houver.

Exercícios

Questões Tópico 104

1. Qual comando do fdisk cria uma nova partição no disco atual?

a. c
b. n
c. p
d. w

2. Qual comando converte o sistema de arquivo ext2 em /dev/sda3 para ext3 sem perda de dados (comando completo)?

3. Qual comando ativa um espaço de troca Swap. Dê somente o comando, sem argumentos.

4. Qual é o principal comando de verificação da integridade de sistemas de arquivo Linux (somente o comando, sem argumentos) ?

5. Qual comando mostra o espaço livre em disco?

a. free
b. ls -f
c. dir
d. df

6. O terceiro campo do arquivo /etc/fstab determina

a. o ponto de montagem.
b. o sistema de arquivos da partição.
c. as opções de montagem.
d. o número hexadecimal de identificação da partição.

7. O comando *chgrp* tem a finalidade de

a. alterar as propriedades de um grupo de usuários.
b. alterar o shell padrão de determinado grupo de usuários.
c. alterar o nome de um grupo de usuários.
d. alterar o grupo ao qual pertence um arquivo ou diretório.

8. Num sistema em que o valor de umask é 0002, a permissão padrão de criação de arquivos será:

a. rw- r-- r--

b. rw- rw- rw-

c. r-- r-- r--

d. rw- rw- r--

9. Links simbólicos deixarão de funcionar quando

a. o destino estiver num sistema de arquivos diferente.

b. o destino for um diretório.

c. o destino for movido.

d. o conteúdo do destino for alterado.

10. Complete a lacuna:

O comando _____ /usr/lib -type f mostrará todas as ocorrências de arquivos comuns sob o diretório /usr/lib.

Peso total do tópico
na prova: 10

Tópico 105:

Shells, scripts e administração de dados

Principais temas abordados:

- Configuração e personalização do ambiente shell;
- Desenvolvimento e edição de scripts;
- Conhecimento da linguagem SQL.

105.1 Personalizar e trabalhar no ambiente shell

Peso 4

O shell é ao mesmo tempo uma interface de interação com o computador e um ambiente de programação. Há diferentes opções de shell, como o bash, csh ou zsh. O mais utilizado pela maioria das distribuições é o bash, que é o shell abordado nos exames LPI. Há quem prefira o csh, que possui sintaxe semelhante à linguagem C.

Variáveis

Variáveis são utilizadas para fornecer informações úteis e necessárias a programas e usuários. São definidas na forma *nome=valor*. Não deve haver espaços na definição. Variáveis podem ser **globais** ou **locais**.

Variáveis globais são aquelas acessíveis a todos os processos. Exemplos desse tipo são:

- **PATH**: Define os diretórios de programas;
- **HOME**: Define o diretório pessoal do usuário;
- **SHELL**: Determina o shell padrão do usuário.

Por conveniência, os nomes de variáveis globais são em maiúsculas. Elas podem ser listadas com o comando `env`. Todas as variáveis são listadas usando `set`.

As variáveis globais são definidas no login, para todo o sistema, por meio do arquivo `/etc/profile`, ou para um usuário específico por meio do arquivo `~/.bash_profile`.

Variáveis locais são acessíveis apenas à sessão atual do shell e podem ser definidas em scripts ou na própria linha de comando. Para tornar uma variável acessível para as sessões criadas a partir da sessão atual, é usada a instrução `export`:

```
$ export BASH='Bourne Again Shell'
```

O valor da variável é retornado com uso de `$`:

```
$ echo $BASH
Bourne Again Shell
```

Para excluir uma variável, é usada a instrução `unset`:

```
$ unset BASH
```

A exclusão de uma variável global só é válida para a sessão atual. Demais sessões continuam a acessar a variável.

Funções

Para simplificar tarefas recorrentes, é possível escrever funções que aglutinam comandos. Podem ser escritas diretamente pela linha de comando ou serem definidas em scripts ou nos arquivos de configuração do bash.

O exemplo abaixo mostra algumas informações sobre o nome de programa fornecido:

```
$ function pinfo () {
> echo "Localização de $1:"
> which $1
> echo "Processos referentes a $1:"
> ps x | grep $1
> }
```

Para que essa função possa ser utilizada em futuras sessões do bash, basta incluí-la no arquivo `~/.bashrc`:

```
function pinfo () {
echo "Localização de $1:"
which $1
echo "Processos referentes a $1:"
ps x | grep $1}
```

Em ambos casos, a função pinfo poderá ser utilizada como um comando.

Arquivos de configuração do bash

É possível automatizar a criação de variáveis, aliases, funções e outras personalizações do bash, tanto para a entrada do usuário no sistema quanto para cada nova instância do bash. Para cada propósito específico, existe um arquivo apropriado.

Existem duas maneiras básicas de invocar o bash: após um login de usuário ou a partir de uma sessão já iniciada, como é o caso dos scripts. Essas duas maneiras também podem ser classificadas como shell interativo e shell não interativo (quando o prompt do shell não espera interação do usuário).

No caso de scripts, uma nova instância do bash é iniciada para executar as instruções contidas no script. Para executar as instruções do script sem abrir uma nova instância do shell, o arquivo deve ser invocado com o comando source ou precedido por um ponto (com espaço), como em . script.sh. Utilizando source ou o ponto, o resultado armazenado na variável $? após a execução do script será o resultado do último comando executado por ele.

Quando o bash é iniciado como um shell interativo (ou como shell não-interativo, mas utilizando a opção `--login`), ele primeiro lê e executa as instruções no arquivo /etc/profile, se esse arquivo existir. Depois de ler esse arquivo, o bash procura os arquivos ~/.bash_profile, ~/.bash_login e ~/.profile (nessa ordem) e executa as instruções encontradas neles. Quando a sessão do shell termina, o bash executa as instruções do arquivo ~/.bash_logout, se o arquivo existir.

Quando o bash é invocado como shell interativo, mas não se trata de uma sessão de login (como no caso de terminais numa sessão X), o bash executa as instruções dos arquivos /etc/bash.bashrc e ~/.bashrc, se esses arquivos existirem.

Em algumas distribuições, o arquivo de definição das variáveis globais é /etc/environment*.

105.2 Editar e escrever scripts simples

Peso 4

Scripts são arquivos que atuam como programas, passando instruções a um interpretador para realizar determinada tarefa. Diferente de programas compilados, scripts são arquivos de texto que podem ser manipulados em qualquer editor de texto.

Definição do interpretador

A primeira linha do arquivo de script deve especificar o interpretador, que é indicado pelos caracteres #! (termo conhecido como *shebang*). Para um script com instruções para o bash, a primeira linha deverá ser #!/bin/bash. Assim, o interpretador para todas as interpretações subsequentes será o bash. O script deverá ter permissão de execução para rodar diretamente ou ser invocado como argumento do comando bash ou sh. Para atribuir a permissão de execução a um script, é utilizado o comando chmod:

```
$ chmod +x meuscript.sh
```

Variáveis especiais

Os argumentos passados para um script e outras informações úteis são retornados pela variável especial $x, em que x determina que valor retornar:

- $*: Todos os valores passados como argumentos;
- $#: O número de argumentos;
- $0: O nome do arquivo de script;
- $n: O valor do argumento na posição *n*;
- $!: PID do último programa executado;
- $$: PID do shell atual;
- $?: Código de saída do último comando.

*O arquivo /etc/environment não é abordado nos exames LPI. Contudo, é muito importante saber que esse arquivo substitui o arquivo /etc/profile em algumas distribuições.

Para solicitar valores do usuário durante a execução do script, é usada a instrução `read`:

```
echo "Informe valor solicitado:"
read RESPOSTA
```

O valor retornado será armazenado na variável *RESPOSTA*. Caso uma variável de retorno não seja especificada, o nome padrão da variável de retorno, *REPLY*, será utilizado.

if then else

A estrutura lógica `if` executa um comando ou uma lista de comandos se uma afirmação for verdadeira. A instrução `test` avalia se a afirmação é verdadeira ou falsa. Seu uso é geralmente associado à instrução condicional if, como no exemplo abaixo, que exibe `ok` se o arquivo `/bin/bash` for executável:

```
if test -x /bin/bash ; then
   echo "ok"
fi
```

O exemplo abaixo mostra outra maneira de realizar a mesma tarefa:

```
if [ -x /bin/bash ] ; then
   echo "ok"
fi
```

A instrução `else` é um apêndice à estrutura `if` e determina o bloco de instruções a executar, caso a afirmação avaliada seja falsa. Exemplo:

```
if [ -x /bin/bash ] ; then
   echo "ok"
else
   echo "não ok"
fi
```

O final da estrutura `if` deve ser sempre sinalizado com `fi`.

Opções de avaliação da instrução test para arquivos e diretórios:

- `-d caminho`: verdadeiro se o caminho existir e for um diretório;
- `-c caminho`: verdadeiro se o caminho existir;

- `-f caminho`: verdadeiro se o caminho existir e for um arquivo comum;
- `-L caminho`: verdadeiro se o caminho existir e for um link simbólico;
- `-r caminho`: verdadeiro se o caminho existir e puder ser lido (acessado);
- `-s caminho`: verdadeiro se o caminho existir e seu tamanho for maior que zero;
- `-w caminho`: verdadeiro se o caminho existir e puder ser escrito;
- `-x caminho`: verdadeiro se o caminho existir e for executável;
- `caminho1 -ot caminho2`: verdadeiro se `caminho1` for diferente de `caminho2`.

Opções de avaliação de test para texto

- `-n texto`: verdadeiro se o tamanho de `texto` for diferente de zero;
- `-z texto`: verdadeiro se o tamanho de `texto` for zero;
- `texto1 == texto2`: verdadeiro se `texto1` for igual a `texto2`;
- `texto1 != texto2`: verdadeiro se `texto1` for diferente de `texto2`.

Opções de avaliação de test para números

- `num1 -lt num2`: verdadeiro se `num1` for menor que `num2`;
- `num1 -gt num2`: verdadeiro se `num1` for maior que `num2`;
- `num1 -le num2`: verdadeiro se `num1` for menor ou igual a `num2`;
- `num1 -ge num2`: verdadeiro se `num1` for maior ou igual a `num2`;
- `num1 -eq num2`: verdadeiro se `num1` for igual a `num2`;
- `num1 -ne num2`: verdadeiro se `num1` for diferente de `num2`.

Uma variação da instrução `if` é a instrução `case`. A instrução case prosseguirá se um item indicado for encontrado em uma lista de itens divididos pelo caractere "|":

```
case 3 in (1|2|3|4|5)
   echo "Número 3 encontrado na lista,";
   echo "portanto case finalizou e";
   echo "executou esses comandos";
esac
```

O final da estrutura case deve ser sempre sinalizado com `esac`.

Substituição de comandos

Um dos principais propósitos de um script é trabalhar com os dados produzidos por outros comandos, sejam dados binários ou dados de texto. Para exibir ou armazenar a saída de um comando, o mesmo é colocado entre aspas simples invertidas ` ou entre `$()`:

```
TRESLINHAS=`cat -n3 /etc/inputrc`
echo "As três primeiras linhas de /etc/inputrc:"
echo $TRESLINHAS
```

Resultado idêntico será produzido na forma:

```
TRESLINHAS=$(cat -n3 /etc/inputrc)
echo "As três primeiras linhas de /etc/inputrc:"
echo $TRESLINHAS
```

Operações matemáticas com números inteiros são feitas utilizando a instrução `expr`:

```
SOMA=`expr $VALOR1 + $VALOR2`
```

Produz resultado idêntico:

```
SOMA=$(($VALOR1 + $VALOR2))
```

Instruções de laço

É bastante comum o desenvolvimento de scripts cuja finalidade é executar determinada tarefa repetidamente, obedecendo a uma condição pré-determinada. Para esse fim existem as chamadas instruções de laço ou *loop*.

for

A instrução `for` executa uma ou mais ações para cada elemento de uma lista. Neste caso, cada número gerado pelo comando `seq`:

```
for i in $(seq 5); do
   echo "Baixando foto_$i.jpg";
   echo wget http://www.somedomain.com/foto_$i.jpg;
done
```

A saída desse script será:

```
Baixando foto_1
wget http://www.somedomain.com/foto_1.jpg
Baixando foto_2
wget http://www.somedomain.com/foto_2.jpg
```

```
↪
Baixando foto_3
wget http://www.somedomain.com/foto_3.jpg
Baixando foto_4
wget http://www.somedomain.com/foto_4.jpg
Baixando foto_5
wget http://www.somedomain.com/foto_5.jpg
```

until

A instrução `until` executa um ação em loop até que uma afirmação seja verdadeira como, por exemplo, adicionar uma linha ao arquivo `texto_simples.txt` até que este alcance 10 linhas:

```
LENTEXTO=$(wc -l texto_simples)
   until [ ${LENTEXTO%% *} -eq 10 ]; do
   echo "Mais uma linha" >> texto_simples.txt
   LENTEXTO=$(wc -l texto_simples.txt)
done
```

while

A instrução `while` é semelhante à instrução until, mas executa uma ação até que uma afirmação não seja mais verdadeira. Por exemplo, adicionar uma linha ao arquivo `texto_simples.txt` até que este alcance 20 linhas (ou, em outras palavras, enquanto o documento for inferior a vinte linhas):

```
LENTEXTO=$(wc -l texto_simples)
   while [ ${LENTEXTO%% *} -lt 20 ]; do
   echo "E dá-lhe linha" >> texto_simples.txt
   LENTEXTO=$(wc -l texto_simples.txt)
done
```

Local, propriedade e permissão

Para que um script possa ser usado por todos os usuários, é importante que ele seja executável e que esteja num diretório incluído na variável PATH. Direito de escrita deve ser retirado para todos, exceto o dono (normalmente o root). Por ser um arquivo mais vulnerável, não é recomendável ativar o bit SUID para arquivos script, pois mesmo se outro usuário o executasse, toda instrução contida nele seria executada com permissão de root.

105.3 Administração de dados SQL

Peso 2

A linguagem SQL – *Structured Query Language*, ou Linguagem de Consulta Estruturada – é o padrão para realização de consulta, edição e inclusão de dados nas tecnologias de bancos de dados mais utilizadas do mundo. Como um idioma comum entre as diferentes soluções de armazenamento de dados em larga escala, a linguagem SQL torna possível a um administrador realizar todas as operações fundamentais em um banco de dados mesmo que não tenha conhecimento pleno sobre a tecnologia específica empregada.

Interagindo com os dados

A maneira mais básica de comunicação com um banco de dados é feita por meio de linha de comando. Semelhante ao prompt do bash, os bancos de dados mais populares oferecem um prompt no qual é possível interagir com o banco de dados instalado.

Cada tecnologia de banco de dados possui sua própria ferramenta de interação manual. Para o banco de dados MySQL, existe o comando `mysql`. Para o banco de dados Postgresql, o comando é o `psql`.

Bancos de dados são organizados em tabelas semelhantes às tabelas de uma planilha. Cada tabela possui colunas que recebem nomes e definição de tipo de dado. Os dados estão organizados como linhas na tabela, podendo ser incluídos, alterados ou removidos. Na maioria das tabelas, a primeira coluna corresponde a um campo de identificação único, criado automaticamente, usado para identificar uma linha específica da tabela.

Inserção de dados

O comando SQL para inserção de dados é o *INSERT*. Numa tabela chamada *cliente* onde existem as colunas *id* (campo de identificação único), *nome*, *email* e *telefone*, a inserção de uma nova linha com todos os campos pode ser feita da maneira:

> **Acesso ao banco de dados**
>
> A instalação e configuração de bancos de dados variam conforme a tecnologia adotada, mas os aspectos conceituais são muito semelhantes. Quando ativo, um servidor de banco de dados aguarda pela identificação de um usuário criado anteriormente e libera o acesso ao banco para que ele possa manipular os dados até onde tiver permissão. Dificilmente um banco de dados está acessível pela Internet, pois isso o tornaria muito vulnerável a ataques. Por esse motivo, bancos de dados costumam ser acessíveis somente a partir da máquina local (onde estão instalados). O acesso pode ser liberado apenas para usuários e máquinas específicas. Dessa forma, as aplicações que fazem uso do banco – como sites ou pontos de venda – têm acesso controlado.

```
INSERT INTO cliente (nome, email, telefone) VALUES ('Ned Flanders',
↪'ned@church.com', '1234-5678');
```

Os primeiros parênteses guardam os nomes das colunas onde se deseja inserir os dados. Os parênteses após o termo *VALUES* guardam os dados que devem ser inseridos nas respectivas colunas. É importante lembrar que as instruções SQL sempre terminam com ponto-e-vírgula.

Novos dados podem ser inseridos da mesma forma, e em alguns casos certas colunas podem ser deixadas em branco:

```
INSERT INTO cliente (nome, email) VALUES ('Montgomery Burns', 'monty@powerplant.com');
```

Nesse caso, a coluna telefone foi omitida, tornando esse campo vazio para a nova linha inserida.

O campo id é automaticamente criado e identifica a linha única correspondente aos dados inseridos. O campo de identificação costuma ser um número numérico inteiro, que é incrementado a cada nova inserção na tabela.

Consulta de dados

Para exibir todas as colunas de todas as linhas de uma tabela, utiliza-se o comando **SELECT** na sua forma mais simples:

```
SELECT * FROM cliente;
id    | nome               | email                 | telefone  |
1     | Ned Flanders       | ned@church.com        | 1234-5678 |
2     | Montgomery Burns   | monty@powerplant.com  |           |
```

Para limitar a consulta a colunas específica, basta citá-las no lugar do *:

```
SELECT id, nome FROM cliente;
id    | nome               |
1     | Ned Flanders       |
2     | Montgomery Burns   |
```

Para selecionar apenas uma ou mais linhas que obedeçam a um critério, utiliza-se a instrução **WHERE**:

```
SELECT nome FROM cliente WHERE id = 2;
```

```
| nome              |
| Montgomery Burns |
```

A ordem com que as linhas são exibidas pode ser alterada utilizando a instrução **ORDER BY**:

```
SELECT id, nome FROM cliente ORDER BY id DESC;
id  | nome              |
2   | Montgomery Burns  |
1   | Ned Flanders      |
```

No exemplo, a coluna *id* foi utilizada como critério de ordenação. A ordem de exibição foi invertida adicionando a instrução DESC à instrução ORDER BY.

Outro recurso interessante de seleção é a possibilidade de agregar resultados mediante um ou mais valores duplicados, com a instrução **GROUP BY**. Por exemplo, numa tabela de produtos comprados chamada *item*, é possível somar os valores totais por item:

```
SELECT nome, SUM(preco) FROM item GROUP BY nome;
```

Todas as ocorrências iguais na coluna `nome` serão exibidas na mesma linha. Além disso, a função interna SUM() somará os valores da coluna `preco` de todas as linhas que foram agregadas pela instrução GROUP BY.

Alteração e exclusão

Os dados já inseridos em uma tabela podem ser modificados usando a instrução **UPDATE**:

```
UPDATE cliente SET telefone = '4321-8765' WHERE id = 2;
```

Essa instrução altera a coluna `telefone` da tabela `cliente` somente onde o campo `id` seja igual a *2*. Aqui também é necessário especificar quais linhas devem ser modificadas, usando a instrução WHERE. Caso a instrução WHERE não seja utilizada, todas as linhas da tabela terão a coluna especificada alterada. Mais de uma coluna pode ser alterada no mesmo comando, utilizando uma vírgula:

```
UPDATE cliente SET telefone = '4321-8765', nome = 'Monty Burns' WHERE id = 2;
```

A exclusão de uma linha se dá com a instrução **DELETE**:

```
DELETE FROM cliente WHERE id = 2;
```

Para essa instrução é essencial o cuidado de utilizar a condição WHERE. Caso uma ou mais linhas não sejam especificadas, todas as linhas da tabela serão excluídas.

Relacionamento de tabelas

Uma das principais razões de se utilizar bancos de dados para armazenar informações é a facilidade e a rapidez com que se pode cruzar informações. Os relacionamentos podem ser realizados de diversas maneiras diferentes, mas uma das mais práticas é usar a instrução **INNER JOIN**.

Além da tabela cliente, pode ser criada a tabela chamada endereco com as colunas id, id_cliente, uf, localidade, logradouro, numero. Nesse caso, a coluna id_cliente especifica um campo id da tabela cliente, ou seja, uma linha específica da tabela cliente.

Portanto, toda linha da tabela endereco possui uma linha correspondente na tabela cliente. Como a coluna id_cliente não é um campo de identificação único na tabela endereco, o mesmo valor pode ser utilizado em mais de uma linha dessa tabela. Ou seja, a mesma linha na tabela cliente poderá ter mais de um endereço associado na tabela endereco.

Assim, podemos utilizar a instrução `INNER JOIN` em uma exibição com SELECT para mostrar linhas da tabela cliente e o(s) endereço(s) correspondentes na tabela endereco:

```
SELECT cliente.nome, endereco.uf FROM cliente INNER JOIN endereco ON
↪endereco.id_cliente = cliente.id;
```

Quando mais de uma tabela é utilizada, é fundamental especificar a qual tabela cada coluna pertence, como demonstrado nos termos `cliente.nome`, `endereco.uf`, `endereco.id_cliente` e `cliente.id`. No exemplo, o critério de união utilizado pela instrução INNER JOIN foi relacionar todas as linhas da tabela endereco cujo valor da coluna id_cliente fosse igual ao valor da coluna id de uma linha da tabela cliente.

Exercícios

Questões Tópico 105

1. O principal arquivo de definição de variáveis globais do Bash é:
- a. /etc/fstab
- b. /etc/bash
- c. /etc/global
- d. /etc/profile

2. O arquivo de definições do Bash para cada usuário é o:
- a. ~/.init
- b. ~/.bash
- c. ~/.shell
- d. ~/.bash_profile

3. O comando **alias delete="rm -i"** tem a finalidade de
- a. substituir o comando rm -i pelo comando *delete.*
- b. criar o comando *delete* que invoca o comando rm -i.
- c. evitar que arquivos essenciais sejam apagados.
- d. o comando *rm* sempre exigirá confirmação de exclusão.

4. Qual entrada no início de um script identifica o programa /bin/bash como interpretador padrão?
- a. export shell=/bin/bash
- b. env shell=/bin/bash
- c. #shell=/bin/bash
- d. #!/bin/bash

5. A variável $! representa
- a. o interpretador padrão do script.
- b. o primeiro argumento do script.
- c. o número PID do script.
- d. o número PID do último programa executado.

6. A instrução que fecha uma estrutura de teste **if** é

a. fi
b. then
c. end
d. done

7. A instrução if [-n "$NOME"]; then ... será verdadeira se

a. A variável $NOME contiver um número.
b. A variável $NOME possuir um ou mais caracteres.
c. A variável $NOME for nula.
d. Essa instrução nunca será verdadeira.

8. A instrução que fecha uma estrutura case é:

a. end
b. done
c. then
d. esac

9. O comando *seq* tem a finalidade de

a. segmentar um arquivo.
b. unir vários arquivo em um só.
c. exibir uma sequência ordenada de números.
d. ordenar a entrada padrão numericamente.

10. A instrução *SQL* responsável por atualizar uma linha numa tabela de banco de dados é:

a. INSERT
b. ADD
c. UPDATE
d. WHERE

Peso total do tópico
na prova: 4

Tópico 106:

Interfaces de usuário e Desktops

Principais temas abordados:

- Configuração do ambiente gráfico X11;
- Configuração do gerenciador de login gráfico;
- Opções de acessibilidade e tecnologias assistivas.

106.1 Instalar e configurar o X11

Peso 2

Desde que o Linux começou a ganhar espaço entre usuários iniciantes e suas aplicações desktop evoluíram, o ambiente gráfico de janelas – conhecido como X11 ou simplesmente X – passou a ocupar lugar de grande importância entre desenvolvedores e administradores. Muitos dos usuários de aplicativos não têm nem precisam ter conhecimentos avançados sobre a arquitetura do sistema operacional. Daí surge a importância de o ambiente gráfico funcionar satisfatoriamente, sem comprometer as tarefas de quem o utiliza.

O X11 também pode ser chamado de servidor X11, pois sua arquitetura foi originalmente pensada para que pudesse ser utilizado num ambiente de rede. Por exemplo, é possível fazer login numa sessão do X11 via rede ou exibir a janela de uma programa em outro computador sem a necessidade de programa específico para isso.

Compatibilidade de hardware

Na maioria dos casos, toda a configuração do X11 é feita automaticamente, durante a instalação da distribuição. Contudo, em alguns poucos casos, pode ser necessário intervir na instalação ou na configuração do X11.

O primeiro passo antes de instalar o X11 é verificar a compatibilidade de hardware. Em *http://www.x.org/wiki/Projects/Drivers* pode ser encontrada a lista de dispositivos compatíveis. Ainda que o dispositivo não seja totalmente compatível, é possível utilizá-lo no modo VESA Framebuffer, se o dispositivo o suportar (a maior parte dos dispositivos de vídeo aceita esse modo).

Instalando o X11

O mais comum é que o X11 seja instalado durante a instalação. Caso isso não tenha sido feito – geralmente quando se instala uma distribuição específica para servidor –, o X11 ainda pode ser instalado usando a ferramenta de pacote da distribuição, como o apt-get ou yum.

Configurando o X11

Configurar o X11 manualmente significa editar o arquivo `/etc/X11/xorg.conf`, onde ficam as informações sobre caminhos para arquivos de sistema, mouse, teclado, monitor e dispositivo de vídeo.

Para gerar um arquivo básico de configuração, basta invocar o servidor X11 diretamente com a opção `-configure`. O comando do servidor X11 é a letra X maiúscula:

```
# X -configure
```

O servidor X carrega cada módulo de dispositivo, testa o driver e salva o resultado no arquivo *xorg.conf.new*, no diretório do usuário (provavelmente /root).As definições gerais, como resolução e profundidade de cor, da sessão X em execução podem ser inspecionadas com o comando `xwininfo -root`.

Ajustes da configuração

Quando muito, apenas alguns poucos ajustes precisam ser feitos no arquivo de configuração do X11 para aprimorar seu funcionamento. Por exemplo, pode ocorrer de a roda do mouse não funcionar. Na seção *InputDevice* referente ao mouse em `/etc/X11/xorg.conf`, basta incluir a opção `ZAxisMapping`, como no exemplo:

```
Section "InputDevice"
   Driver       "mouse"
   Option       "Protocol" "IMPS/2"
   Option       "Device" "/dev/mouse"
   Option       "ZAxisMapping" "4 5"
EndSection
```

Seções do xorg.conf

O arquivo de configuração xorg.conf é dividido em seções no formato:

```
Section "nome da seção"
    Item_1 "Valor item 1"
    Item_2 "Valor item 2"
    ...
EndSection
```

Hoje, a maioria das seções são dispensáveis, pois toda a configuração é feita automaticamente. Contudo, sua edição manual pode ser necessária para resolver problemas específicos. As seções do arquivo de configuração do X estão discriminadas abaixo:

Files

Caminhos para alguns arquivos necessários ao servidor X, como *FontPath*, *RGBPath* e *ModulePath*. O item mais importante é *FontPath*, que determina as localizações das fontes no sistema.

ServerFlags

Opções globais para o servidor X, no formato *Option "Nome" "Valor"*.

Module

Carregamento dinâmico de módulos: *Load "nome do módulo"*.

InputDevice

Dispositivos de entrada. Deve haver uma seção InputDevice para cada dispositivo. Os itens obrigatórios nessa seção são *Identifier* e *Driver*. Identifier é um nome único para identificação do dispositivo. Os valores mais comuns para Driver são *Keyboard* e *Mouse*. Os demais itens são opcionais e definidos com o **Option**. *Option "CorePointer"* indica que o dispositivo é o apontador (mouse) primário. *Option "CoreKeyboard"* indica que o dispositivo é o teclado primário. O caminho para o dispositivo é indicado com o *Option "Device"* "`/dev/arquivo_do_dispositivo`".

Device

Dispositivo de vídeo. O arquivo xorg.conf pode ter várias seções Device indicando vários dispositivos de vídeo. Os itens obrigatórios nessa seção são *Identifier* e *Driver*. Identifier é um nome único para identificação do dispositivo. Driver especifica o driver do dispositivo de vídeo, dentre os disponíveis em `/usr/lib/xorg/modules/drivers/`. Outros itens comuns são BusID – exemplo: *Option "BusID" "PCI:1:0:0"* e VideoRam – exemplo: *Option "VideoRam" "8192"*.

Monitor

O arquivo de configuração também pode ter várias seções Monitor. A única opção obrigatória é *Identifier*.

Screen

Agrega o dispositivo e o monitor. Pode haver mais de uma seção Screen. Apenas as opções *Identifier* e *Device* (indicando um dispositivo de vídeo de uma seção Device existente) são obrigatórias.

Display

É uma subseção de Screen, que define, entre outras coisas, qual resolução usar para cada profundidade de cor.

ServerLayout

Agrega as seções Screen e InputDevice para formar uma configuração completa do servidor X. Quando utilizada, é a entrada mais importante do `xorg.conf`, pois é nela que é definido o display.

Fontes

Uma das funções do X11 é o fornecimento das fontes utilizadas pelos aplicativos. Há dois sistemas básicos de fontes, *Core* e *Xft*. No sistema Core, as fontes são manipuladas no servidor, enquanto no sistema Xft isso ocorre no cliente. O sistema Xft é mais avançado e permite o uso de fontes Type1, OpenType, TrueType, Speedo e CID, com suporte a anti-aliasing (cantos arredondados).

Instalação de fontes Xft

Para instalar fontes no sistema Xft, basta copiá-las para um dos diretórios de fontes padrão – `/usr/share/fonts/*` – ou para o diretório `~/.fonts/` no diretório pessoal. O cache de fontes precisa ser atualizado para que a nova fonte possa ser usada, o que será feito automaticamente quando o X iniciar uma sessão. A atualização manual é feita por meio do comando `fc-cache`.

O comportamento das funções do Xft pode ser alterado pelo arquivo de configuração global `/etc/fonts/fonts.conf` ou no arquivo de configurações por usuário `.fonts.conf`, alojado no diretório pessoal.

Variável DISPLAY

O servidor X permite que as janelas de aplicativos sejam exibidas num servidor X remoto, ou seja, um programa em execução numa máquina remota poderá ser operado localmente.

É a partir da variável de ambiente DISPLAY que o servidor de janelas identifica onde elas devem ser exibidas. A variável DISPLAY é dividida em duas partes. A porção antes do caractere ":" identifica a máquina (nome ou número IP). A porção após o caractere ":" identifica qual o display nessa máquina.

O valor display identifica um conjunto de monitor e dispositivo de entrada (teclado/mouse). Um mesmo computador pode possuir mais de um display – como diferentes monitores e teclados – mas o mais comum é que exista apenas um display. A contagem de display é feita a partir do zero, portanto numa máquina com apenas um display o valor da variável de ambiente DISPLAY será :0.0. Isso significa que as janelas serão mostradas na máquina local (localhost é assumido quando o valor antes de : é omitido) e no primeiro display (:0.0).

O primeiro passo para abrir a janela de um programa remoto na máquina local é redefinir a variável DISPLAY na própria máquina remota. Por exemplo:

```
$ export DISPLAY=192.168.1.3:0.0
```

Todo programa executado a partir da sessão onde a variável foi redefinida enviará sua janela para o primeiro display da máquina 192.168.1.3. Porém, a janela não poderá ser exibida até que a máquina 192.168.1.3 permita. A liberação é feita com o comando xhost, na máquina onde as janelas devem ser exibidas:

```
$ xhost +192.168.1.1
```

No exemplo, o endereço IP 192.168.1.1 corresponde à máquina remota onde o programa está sendo executado.

106.2 Configurar o gerenciador de login gráfico

Peso 1

Na maioria das distribuições Linux o ambiente gráfico X11 é iniciado por padrão, logo ao final da inicialização. Nesse caso, é apresentada a tela de login de usuário já no próprio ambiente gráfico do X11.

Esse comportamento já caracteriza outro runlevel (os runlevels, ou níveis de execução, foram abordados no objetivo **101.3 Alternar runlevels, desligar e reiniciar o sistema**), por isso sua utilização é determinada no arquivo `/etc/inittab`:

```
id:4:initdefault:
```

O número do runlevel para login em modo gráfico varia de acordo com a distribuição, mas a definição de qual será o nível de execução padrão é feita no arquivo `/etc/inititab`.

Gerenciador de display

O programa encarregado por identificar o usuário e iniciar a sessão do X11 chama-se *display manager* ou *gerenciador de display*. Há três Gerenciadores de Display principais:

- **xdm**: padrão do X;
- **gdm**: padrão do ambiente desktop *Gnome*;
- **kdm**: padrão do ambiente desktop *KDE*.
- **LightDM**: Gerenciador de loguin simples, utilizado em distribuições mais leves.

Os respectivos arquivos de configuração encontram-se em `/etc/X11/xdm/*`, `/etc/gdm/*` , `/usr/share/config/kdm/*` e `/etc/lighdm/*`

xdm

O xdm é parte dos programas padrão do X11. Além de permitir o login local, também permite que o login seja realizado pela rede. Para tanto, é usado o protocolo *XDMCP* (desativado por padrão).

O xdm precisa estar ativo e configurado adequadamente para responder a pedidos de login via rede. A máquina remota, por meio do comando `X -query servidor`, solicitará o pedido de conexão.

A aparência do xdm pode ser modificada editando o arquivo `/etc/X11/xdm/Xresources`. Fontes, cores e mensagens podem ser incluídas ou alteradas. Exemplo de conteúdo de Xresources:

```
xlogin*borderwidth:3
xlogin*greeting:"Bem vindo ao login gráfico"
xlogin*namePrompt:login:\040
xlogin*greetColor:blue
xlogin*foreground:black
xlogin*background:white
```

Para definir cores ou imagens de fundo e disparar outras ações – antes mesmo de a tela de login ser exibida – pode ser editado o arquivo `Xsetup`.

O arquivo `/etc/X11/xdm/Xaccess` controla o acesso remoto via XDMCP. É possível estabelecer regras para pedidos de conexão remotos. Trecho de exemplo de Xaccess:

```
*
*CHOOSER BROADCAST
```

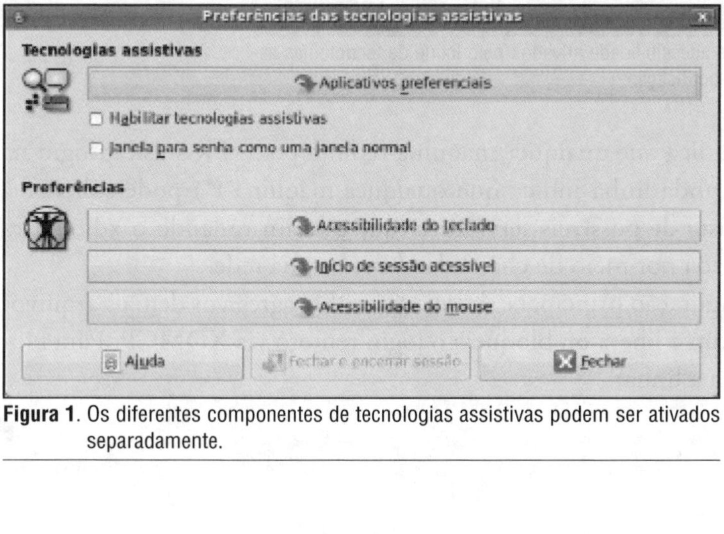

Figura 1. Os diferentes componentes de tecnologias assistivas podem ser ativados separadamente.

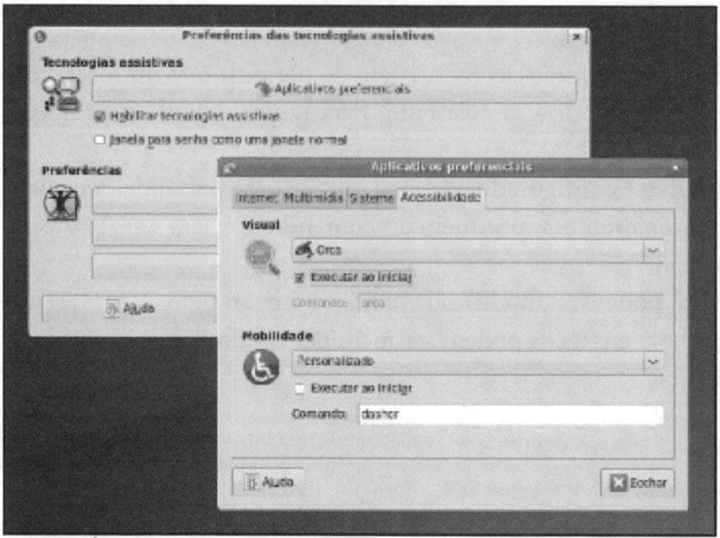

Figura 2: É conveniente que o leitor de tela Orca seja ativado automaticamente no início da sessão.

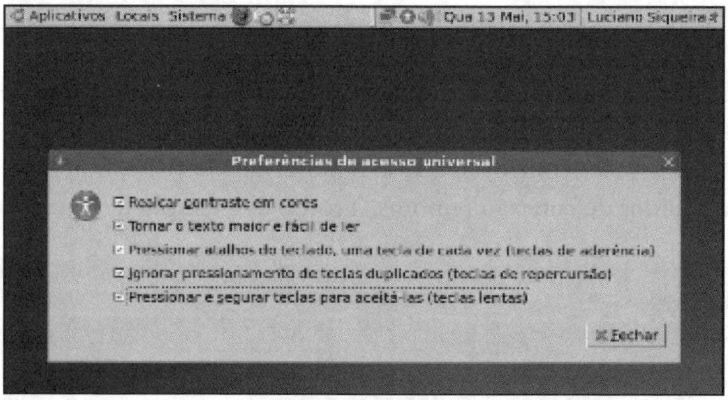

Figura 3. Outros recursos de acessibilidade ativados pelo ícone de tecnologias assistivas da área de notificação.

A primeira linha indica que qualquer máquina remota poderá requisitar login na máquina local. A segunda linha indica que qualquer máquina (*) pode solicitar à máquina local uma lista de possíveis servidores (que estejam rodando o xdm) para conexão, que será obtida por meio de chamadas *broadcast* na rede.

O arquivo de configuração principal é o `xdm-config`. Ele agrega os demais arquivos de configuração do xdm e libera ou bloqueia o login remoto via XDMCP. Para bloquear, basta que exista a linha:

```
DisplayManager.requestPort:    0
```

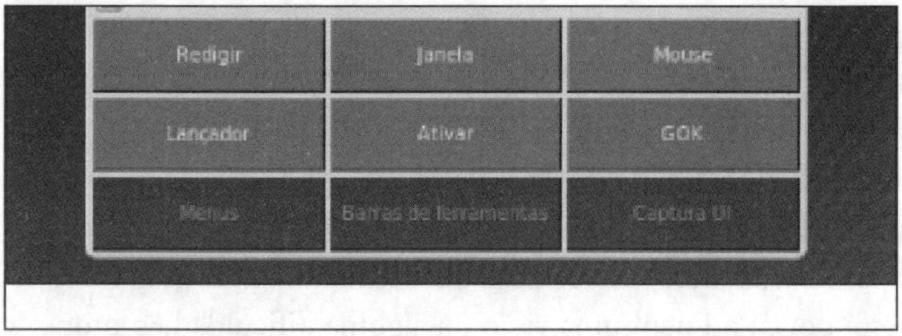

Figura 4. O GOK atua como um teclado virtual na tela. Com ele, todas as ações que envolvem o teclado podem ser substituídas por gestos do mouse.

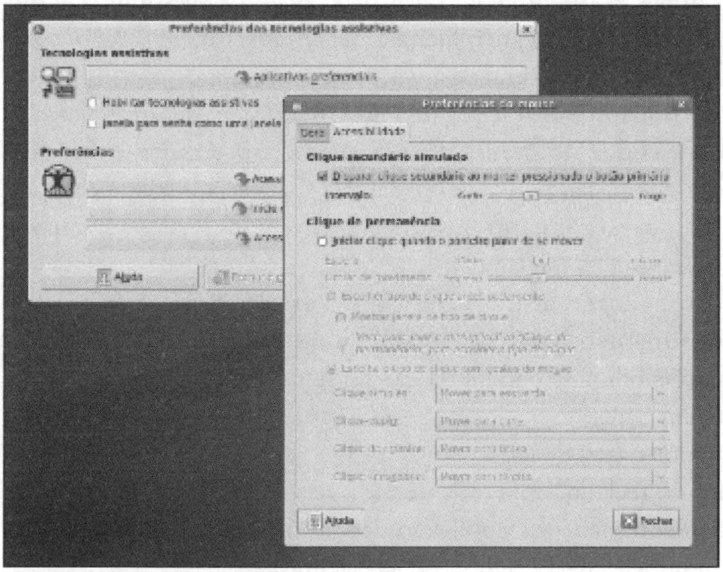

Figura 5. Mesmo dificuldades motoras de operação do mouse podem ser contornadas na janela Preferências do mouse.

Com essa configuração, o xdm não reponderá a pedidos de conexão diretos ou indiretos. As condições e maneiras de usar o gdm e kdm são praticamente iguais às do xdm, salvo alguns detalhes. Os arquivos de configuração principais do gdm são `/etc/gdm/gdm.conf` e `/etc/gdm/Init/Default`, que corresponde ao Xresources. Já para o kdm, praticamente todas as configurações visuais e de comportamento são feitas no arquivo `/usr/share/config/kdm/kdmrc`.

As configurações do LightDM, como definições de aparência e recurso e login automático podem ser modificadas no arquivo `/etc/lightdm/lightdm.conf`

* A configuração dos recursos de tecnologias assistivas pode variar dependendo da distribuição. Para fins de padronização, as ferramentas mostrados referem-se à distribuição Ubuntu, nas versão 9.04.

106.3 Acessibilidade

Peso 1

Tão importante quanto à boa usabilidade do desktop para o usuário comum é oferecer a mesma usabilidade para pessoas com necessidades especiais.

Diversos aplicativos para Linux oferecem recursos que facilitam a utilização do computador para quem possui pouca ou nenhuma visão ou alguma dificuldade motora.

Ativar recursos de acessibilidade

As distribuições Linux atuais já contam com diversos recursos de acessibilidade instalados por padrão. Para ativar basta ir até o menu *Sistema* | *Preferências* | *Tecnologias assistivas**. A **figura 1** mostra a janela geral de ativação dos recursos de acessibilidade.

Dentre os principais recursos está o leitor de tela **Orca**. Com ele, uma voz sintetizada diz o texto sob o clique do mouse. Este recurso é especialmente útil para usuários com deficiência visual. Para que o leitor de tela Orca seja iniciado toda vez que o sistema for iniciado, basta clicar em *Aplicativos preferenciais* e, na seção *Visual*, marcar a opção *Executar ao iniciar* (**figura 2**).

Após a ativação das tecnologias assistivas, o ícone correspondente é exibido na área de notificação do painel (ao lado do relógio). Clicando nele, diversas opções (**figura 3**) referentes à acessibilidade podem ser ativadas:

- Realçar contraste em cores;
- Tornar o texto maior e fácil de ler;
- Pressionar atalhos do teclado, uma tecla de cada vez (teclas de aderência);
- Ignorar pressionamento de teclas duplicados (teclas de repercussão);
- Pressionar e segurar teclas para aceitá-las (teclas lentas).

Teclado e mouse podem ser configurados com mais especificidade para cada necessidade. Por exemplo, é possível evitar que muitas teclas pressionadas simultaneamente sejam escritas, o que pode facilitar a digitação para pessoas com dificuldades motoras.

Se há a impossibilidade de utilização do teclado, o programa GOK pode ser usado como interface de entrada (**figura 4**). Com ele, apenas a movimentação do mouse é necessária para inserção de texto e outras ações que envolvem o uso do teclado.

Se mesmo a utilização do mouse encontra alguma dificuldade motora, na janela *Preferências do mouse* (**figura 5**) podem ser alterados alguns comportamentos. Por exemplo, é possível simular o clique duplo do mouse apenas ao segurar o botão por alguns instantes.

Exercícios

Questões Tópico 106

1. A seção do arquivo de configuração do X11 onde são especificadas as fontes do sistema é a seção:
   a. Fonts
   b. Files
   c. Module
   d. Display

2. A variável de ambiente DISPLAY definida com valor 192.168.1.18:1.0 determina que
   a. o servidor de janelas X só funcionará na máquina 192.168.1.18.
   b. a versão do servidor X é 1.0.
   c. o servidor X funcionará somente na rede local.
   d. as janelas serão exibidas no segundo display da máquina 192.168.1.18.

3. Um usuário comum poderá instalar novas fontes em:
   a. ~/.fonts
   b. /etc/fonts
   c. ~/.xorg/fonts
   d. /etc/xorg/fonts

4. Após instalar novas fontes em seu diretório pessoal, o usuário deverá
   a. atualizar o cache de fontes com o comando update-cache.
   b. atualizar o cache de fontes com o comando update-fonts.
   c. atualizar o cache de fontes com o comando update --fonts.
   d. atualizar o cache de fontes com o comando fc-cache.

5. O arquivo onde são definidas as opções de aparência do gerenciador xdm é o:
   a. /etc/X11/xdm/Xaccess
   b. /etc/X11/xdm/Xsetup
   c. /etc/X11/xdm/Xresources
   d. /etc/X11/xdm/xdm.conf

6. A instrução *DisplayManager.requestPort: 0*, que bloqueia o acesso via XDMCP para a máquina local, deve ser informada em qual arquivo de configuração? Dê apenas o nome do arquivo, sem diretório.

7. O principal arquivo de configuração do gerenciador gdm é o:

a. /etc/gdm/gdm.conf
b. ~/.gdm.conf
c. /etc/X11/gdm.conf
d. /etc/X11/gdm/gdm.conf

8. Usuários com deficiência visual podem utilizar um programa que lê as informações textuais da tela. Informe qual é o nome do principal leitor de tela para Linux.

9. Marque todas as respostas corretas em relação ao recurso teclas de aderência.

a. Atalhos de teclado, como [ctrl]+[c], não precisam ser pressionados simultaneamente .
b. As teclas do teclado são melhor fixadas e não soltam com facilidade.
c. Pressionamentos de teclas repetidas são ignorados.
d. O layout do teclado é alterado para satisfazer necessidades especiais.

10. Usuários com dificuldade para operar o teclado podem utilizar o mouse para escrever textos e executar ações. O principal comando que oferece esse recurso é o ______.

Peso total do tópico
na prova: 12

Tópico 107:

Tarefas administrativas

Principais temas abordados:

- Administração de usuários;
- Agendamento de tarefas;
- Ajustes de local e idioma.

107.1 Administrar contas de usuário, grupos e arquivos de sistema relacionados

Peso 5

Em ambientes onde mais de uma pessoa utiliza o computador ou utiliza os recursos fornecidos por ele via rede, é muito importante que cada uma delas possua restrições para que não comprometa dados sensíveis, sejam eles pertinentes ao próprio sistema, sejam pertinentes a outros usuários. Para isso, para cada usuário é criada uma conta com a qual ele acessará o sistema.

Conta de usuário

O comando `useradd` é usado pelo usuário root para criar uma nova conta no sistema. Pode ser usado também o comando `adduser`, cuja finalidade é facilitar a inclusão de novos usuários, pois definições padrão podem ser armazenadas no arquivo `/etc/adduser.conf`.

Opções comuns de `useradd`:

- `-c comentário`: comentário (geralmente o nome completo do usuário);
- `-d diretório`: caminho para o diretório pessoal do usuário;
- `-g grupo`: grupo inicial (GID). Precisa existir previamente no sistema;
- `-G grupo1,grupo2`: grupos adicionais, separados por vírgula;
- `-u UID`: UID (user ID) do usuário;
- `-s shell`: Shell padrão para o usuário;
- `-p senha`: senha (entre aspas);
- `-e data`: data de validade da conta;
- `-k /etc/skel`: copia o diretório modelo /etc/skel;
- `-m`: cria o diretório pessoal, se não existir.

Com a opção `-k /etc/skel` novos diretórios pessoais podem ser criados a partir de uma árvore modelo situada em `/etc/skel`. Esse procedimento facilita a criação de várias contas de usuário com o mesmo perfil.

Para que o usuário possa acessar sua conta, o administrador precisará definir uma senha para ele. Isso pode ser feito por meio do comando `passwd usuário`. Usado sem argumentos, `passwd` altera a senha para o usuário atual.

O campo de descrição pode ser alterado com o comando `chfn` e o shell inicial pode ser alterado com `chsh`. Usuários comuns podem usar estes comandos para alterar exclusivamente suas próprias contas.

Uma conta de usuário pode ser apagada com o comando `userdel`. A opção `-r` assegura que o diretório pessoal do usuário também seja apagado. As informações de conta dos usuários do sistema são armazenadas no arquivo `/etc/passwd`, no formato:

```
root:x:0:0::/root:/bin/bash
luciano:x:1000:100:Luciano Antonio Siqueira:/home/luciano:/bin/bash
```

Cada usuário é definido em uma linha, em campos separados por ":", representando, respectivamente:

1. Nome de Login;
2. Senha ("*x*" quando usando o arquivo /etc/shadow);
3. Número de identificação do usuário (UID);
4. Número do grupo principal do usuário (GID);
5. Descrição do usuário (opcional);
6. Diretório pessoal para o usuário;
7. Shell inicial do usuário (se vazio, o arquivo padrão `/bin/sh` será usado).

Para editar diretamente o arquivo `/etc/passwd`, é recomendado usar o comando `vipw`, que bloqueia o arquivo `/etc/passwd` contra possíveis alterações concorrentes, evitando corrupção do arquivo. A edição será feita com o editor padrão, via de regra o editor vi. Usado com a opção `-s`, `vipw` abrirá para edição o `/etc/shadow`.

Senhas shadow

O arquivo `/etc/passwd` pode ser lido por qualquer usuário (permissão `-rw-r--r--`), o que pode tornar as senhas criptografadas passíveis de decodificação. Para evitar essa possibilidade, é usado um segundo arquivo, acessível apenas ao usuário root, o arquivo `/etc/shadow` (permissão `-rw-r-----`).

Se o sistema ainda armazena as senhas no arquivo `/etc/passwd`, é possível fazer a conversão automaticamente para as senhas shadow, com o comando `pwconv`. Caso seja necessário retornar as senhas para o formato antigo, utiliza-se `pwunconv`.

Como no arquivo `/etc/passwd`, os campos no arquivo `/etc/shadow` são separados por ":", correspondendo a:

1. Nome de usuário, que deve corresponder a um nome válido em `/etc/passwd`;
2. A senha, criptografada numa sequência de 13 caracteres. Em branco permite login sem senha. Com um asterisco "*" indica que a conta está bloqueada;
3. O número de dias (desde 01/01/1970) desde que a senha foi alterada;
4. Número mínimo de dias até que uma senha possa ser novamente alterada. O número zero "0" permite alterar a senha sem tempo de espera;
5. Número de dias depois dos quais a senha deverá ser alterada. Por padrão, 99999, ou 274 anos;
6. Número de dias para informar ao usuário sobre a expiração da senha;
7. Número de dias, depois de a senha expirar, até que a conta seja bloqueada;

8. O número de dias, a partir de 01/01/1970, desde que a conta foi bloqueada;
9. Campo reservado.

As informações referentes à validade da senha também podem ser modificadas por meio do programa `chage`, com as seguintes opções:

- `-m dias`: mínimo de dias até que o usuário possa trocar uma senha modificada;
- `-M dias`: número máximo de dias que a senha permanecerá válida;
- `-d dias`: número de dias decorridos em relação a 01/01/1970. Determina quando a senha foi mudada. Também pode ser expresso no formato de data local (dia/mês/ano);
- `-E dias`: número de dias decorridos em relação a 01/01/1970, a partir dos quais a conta não estará mais disponível. Também pode ser expresso no formato de data local (dia/mês/ano);
- `-I dias`: inatividade ou tolerância de dias, após a expiração da senha, para que a conta seja bloqueada;
- `-W dias`: dias anteriores ao fim da validade da senha, quando será emitido um aviso sobre a expiração da validade.

Para usuários comuns, chage só pode ser usado com a opção `-l usuário`, que mostra as restrições referentes ao usuário em questão. O comando `usermod` agrega as funções de alteração de conta de usuário por meio das opções:

- `-c descrição`: descrição do usuário;
- `-d diretório`: altera diretório do usuário. Com o argumento **-m**, move o conteúdo do diretório atual para o novo;
- `-e valor`: prazo de validade da conta, especificado no formato dd/mm/aaaa;
- `-f valor`: número de dias, após a senha ter expirado, até que a conta seja bloqueada. Um valor *-1* cancela essa função;
- `-g grupo`: grupo efetivo do usuário;
- `-G grupo1,grupo2`: grupos adicionais para o usuário;
- `-l nome`: nome de login do usuário;
- `-p senha`: senha;
- `-u UID`: número de identificação (UID) do usuário;
- `-s shell`: shell padrão do usuário;
- `-L`: bloqueia a conta do usuário, colocando um sinal **!** na frente da senha criptografada. Uma alternativa é substituir o shell padrão do usuário por um script ou programa que informe as razões do bloqueio;
- `-U`: desbloqueia a conta do usuário, retirando o sinal **!** da frente da senha criptografada.

Grupos de usuários

Para criar um grupo de usuários, é usado o comando **groupadd**:

```
# groupadd estudo_c
```

O número de identificação do grupo (GID) pode ser especificado através da opção `-g`. Para excluir um grupo, é usado o comando `groupdel`:

```
# groupdel estudo_c
```

Um usuário poderá ser incluído/excluído de um grupo através do comando `gpasswd`, utilizando o argumento adequado.

- `gpasswd grupo`: cria uma senha para grupo;
- `gpasswd -r grupo`: apaga a senha para grupo;
- `gpasswd -a usuário grupo`: associa usuário ao grupo;
- `gpasswd -d usuário grupo`: exclui usuário de grupo;
- `gpasswd -A usuário grupo`: torna um usuário administrador de grupo.

Um usuário pode pertencer a mais de um grupo, mas apenas um grupo pode ser o principal. Para mostrar os grupos aos quais um usuário pertence, é usado o comando `groups usuário`. Usado sem argumentos, o comando groups mostra os grupos do usuário atual.

O comando `id` mostra os grupos para o usuário, mostrando também o número de identificação do usuário e dos grupos.

O comando `newgrp` é usado para alterar o grupo efetivo do usuário para o grupo solicitado em uma nova sessão de login. Caso o usuário não pertença ao grupo em questão, será a ele associado.

As informações sobre os grupos existentes no sistema são armazenadas em `/etc/group`. Neste arquivo, cada grupo é definido em uma linha, em campos separados por ":" representando, respectivamente:

1. Nome do grupo;
2. Senha para o grupo (`x` se utilizar `/etc/gshadow`);
3. Número de identificação do grupo (GID);
4. Lista de membros do grupo, separados por vírgula.

Para editar diretamente o arquivo `/etc/group`, é altamente indicado usar o comando `vigr`, que bloqueia o arquivo `/etc/group` contra possíveis alterações externas, evitando corrupção do arquivo. Usado com a opção `-s`, vigr abrirá para edição o arquivo `/etc/gshadow`.

Assim como ocorre com /etc/passwd, aqui também é possível usar um segundo arquivo para armazenar informações referentes à senha dos grupos, chamado /etc/gshadow. O comando grpconv converte as senhas do formato antigo /etc/group para /etc/gshadow e grpunconv realiza o procedimento inverso.

O comando groupmod agrega algumas funções de alteração de grupos, pelas opções:

- -g GID: altera o número (GID) do grupo;
- -n nome: altera o nome do grupo.

Contas de usuários e grupos podem ser consultados com o comando getent (get entries, ou escolher entrada). O comando getent pode consultar todos os bancos de de dados do Name Service Switch, ou seja, os serviços configurados pelo arquivo /etc/nsswitch.conf. Uma entrada de conta de usuário pode ser consultada com o comando a seguir:

```
$ getent passwd luciano
luciano:x:1000:1000:Luciano Antonio Siqueira:/home/luciano:/bin/bash
```

O argumento passwd informou qual é a origem da consulta. Outras origens podem ser group, services, hosts, etc.

107.2 Automatizar e agendar tarefas administrativas de sistema

Peso 4

Existem três sistemas principais de agendamento de tarefas no Linux, o at e o cron e o anacron. O at é indicado para execução única de uma tarefa no futuro, enquanto o cron é utilizado para agendar procedimentos que devem ser executados regularmente no sistema.

at

O comando at programa a execução de um comando num momento futuro. Sua sintaxe básica é:

```
# at quando
```

Após pressionar Enter, os comandos poderão ser escritos, em mais de uma linha se necessário. Após terminar de inseri-los, é necessário pressionar Ctrl+d para encerrar o at e criar o agendamento.

O termo *quando* pode significar, por exemplo, *now* (agora) ou *midnight* (à meia-noite). Outras opções de datas e formatos podem ser consultadas no arquivo /usr/share/doc/at/timespec.

Usuários comuns poderão usar o comando at, se constarem no arquivo /etc/at.allow. Se /etc/at.allow não existir, o arquivo /etc/at.deny será consultado e serão bloqueados ao uso do at os usuários que nele constarem. Se nenhum dos arquivos existir, apenas o usuário root poderá usar o at.

Para verificar os agendamentos vigentes, usa-se `at -l` ou `atq`. Um agendamento pode ser apagado a partir de seu número específico, fornecido para o comando `atrm`.

Para executar um comando apenas quando a carga do sistema for baixa, deve ser utilizado o comando batch.

cron

Como dito anteriormente, a finalidade de um agendamento cron é executar uma tarefa em intervalos de tempo regulares. A cada minuto, o daemon `crond` lê as tabelas de agendamento – chamadas *crontabs* – contendo tarefas a ser executadas em data e hora específicas.

Os arquivos crontab de usuários comuns ficam armazenados no diretório `/var/spool/cron` e o crontab geral do sistema fica no arquivo `/etc/crontab`. Esses arquivos não devem ser editados diretamente, mas por meio do próprio comando `crontab`.

Opções do comando `crontab`:

- `crontab -l usuário`: mostra as tarefas agendadas pelo usuário;
- `crontab -e usuário`: edita o crontab do usuário no editor padrão do sistema;
- `crontab -d usuário`: apaga o crontab do usuário selecionado.

Se o nome de usuário não é fornecido, será assumido o usuário atual. Cada linha no arquivo crontab representa uma tarefa, no formato demonstrado na **figura 1**.

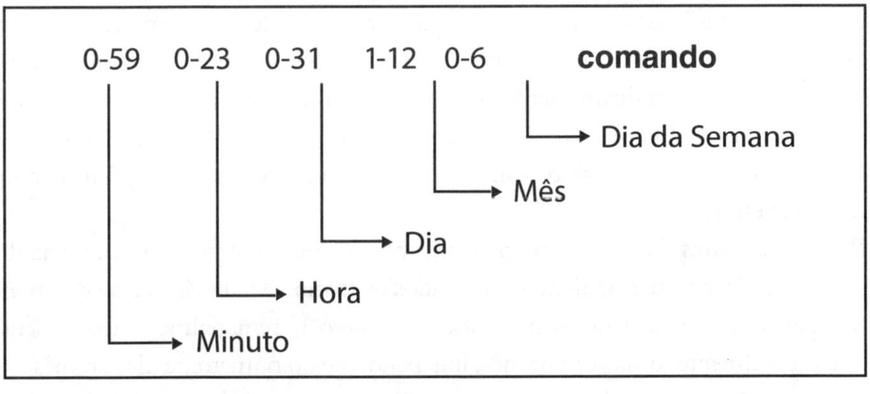

Figura 1. Formato de agendamento do crontab.

O traço "-" delimita um período para execução. O caractere "*" em um campo determina a execução do comando sempre que o agendamento corresponder a qualquer marcação para o campo em questão. O caractere barra "/" estabelece um passo para a execução. O exemplo abaixo executa o `script_backup` a cada quatro horas, de segunda à sexta, nos meses de maio e junho:

```
* */4 * 5,6 1-5 /usr/local/bin/script_backup
```

Se a tarefa produzir alguma saída, esta será enviada para a caixa de entrada do usuário. Para evitar esse comportamento, basta redirecionar a saída da tarefa para `/dev/null` ou para um arquivo.

Se não é necessário especificar uma hora exata para a execução de uma tarefa, basta incluir o respectivo script em um dos diretórios `/etc/cron.hourly/`, `etc/cron.daily/`, `/etc/cron.weekly/` e `/etc/cron.monthly/`. Esses diretórios representam, respectivamente, a execução de hora em hora, diária, semanal e mensal.

É possível controlar o uso do crontab por meio dos arquivos `/etc/cron.allow` e `/etc/cron.deny`. Se `/etc/cron.allow` existir, apenas os usuários que nele constarem poderão agendar tarefas. Se `/etc/cron.deny` existir, os usuários nele existentes serão proibidos de agendar tarefas. Se nenhum dos arquivos existir, todos os usuários poderão agendar tarefas.

anacron

O anacron foi elaborado para solucionar um inconveniente do cron. Como o cron executa seus agendamentos em datas e horários específicos, se o sistema estiver desligado no dia e hora em questão, nada será feito. Já o anacron trabalha com o conceito de prazo para execução. Se uma determinada tarefa deve ser realizada a cada sete dias, o anacron a executará assim que detectar o cumprimento do prazo, mesmo que tenha sido após os exatos sete dias em questão. Por isso o anacron é indicado principalmente para sistemas que não ficam ligados o tempo todo, como computadores pessoais.

Os agendamentos do anacron são armazenados no arquivo /etc/anacrontab.

Os agendamentos são inseridos um por linha, cada um com os seguintes campos separados por espaço:

- **Período em dias**: Número inteiro determinando com qual frequência a tarefa deve ser executada, em dias. Podem ser utilizados os termos @daily, @weekly e @monthly para diariamente (equivalente a usar o número 1), semanalmente (equivalente a 7) e mensalmente (uma vez por mês, independente do número de dias do mês).
- **Minutos de espera**: Quantos minutos aguardar antes de executar uma tarefa. Se usado o número 0, a tarefa será executada imediatamente, assim que o término do prazo for detectado.
- **Identificação**: Uma descrição, sem espaços, usada para identificar a tarefa nos arquivos de log.
- **Comando**: O comando a ser executado pelo agendamento.

Também podem ser definidas variáveis de ambiente no início do arquivo /etc/anacrontab, que estarão acessíveis no ambiente de execução dos agendamentos.

107.3 Localização e internacionalização

Peso 3

O Linux oferece diversas ferramentas de suporte a idiomas diferentes do inglês e a lugares fora do eixo EUA/Europa. Além da configuração de fuso horário e da definição de teclados, variáveis de ambiente podem ser definidas para que todos os programas respeitem as mesmas definições de linguagem.

Fuso horário

A definição correta do fuso horário implica a indicação da relação do relógio do sistema com o Hora de Greenwich – GMT +0:00. Contudo, o mero ajuste do relógio causará incorreção do horário durante o horário de verão. Como o Brasil, muitos países reajustam o horário oficial durante um período do ano – período conhecido como *Daylight Saving Time* – por isso é muito importante definir as configurações de fuso horário para que o sistema reflita a hora certa independente do período do ano.

Recomenda-se a utilização do GMT +0:00 para o relógio do BIOS. Logo, o sistema precisará ser informado sobre o fuso horário desejado. Isso é feito utilizando o comando `tzselect`, que exibirá os fusos horários oficiais e, após a escolha, criará o arquivo `/etc/timezone` contendo as informações de fuso horário:

```
# cat /etc/timezone
America/Sao_Paulo
```

Para modificar o fuso horário horário apenas da sessão atual, pode ser alterado o conteúdo da variável TZ

O arquivo com as informações de horário de verão é o `/etc/localtime`. Todos os arquivos de horário de verão disponíveis no sistema ficam em `/usr/share/zoneinfo/`.

Idioma e codificação de caracteres

O suporte a caracteres acentuados ou não ocidentais no Linux é bastante avançado. O nome dado à definição sobre qual idioma e conjunto de caracteres usar chama-se *locale* ou simplesmente *localização*. A configuração básica de localização é feita com a variável de ambiente **LANG** e é a partir dela que a maioria dos programas definem as preferências de idioma.

Conversão de codificação

Um texto poderá aparecer com caracteres ininteligíveis quando exibido em um sistema com padrão de codificação diferente daquele onde o texto foi criado. Para solucionar esse problema, pode ser utilizado o comando `iconv`. Por exemplo, para converter do padrão ISO-8859-1 para UTF-8 pode ser utilizado o comando:

```
iconv -f iso-8859-1 -t utf-8 < texto_original.txt > texto_convertido.txt.
```

O conteúdo da variável LANG obedece ao formato *ab_CD*, em que ab é o código do idioma e CD é o código do país*. Exemplo de conteúdo da variável LANG:

```
# echo $LANG
pt_BR.UTF-8
```

Além dos códigos de idioma e país, pode haver a informação especificando a codificação de caracteres a ser utilizada. No caso do exemplo, foi definida a codificação *UTF-8*. O UTF-8 é um padrão *unicode* para caracteres ocidentais acentuados. Em alguns sistemas, a codificação padrão é do padrão ISO, como *ISO-8859-1*. Apesar disso, a tendência é todos os sistemas adotarem o padrão unicode.

Além da variável LANG, outras variáveis de ambiente influenciam as opções de localização dos programas. Essas outras variáveis são utilizadas para definir alguma configuração específica de localização:

- **LC_COLLATE**: define a ordenação alfabética. Uma de suas finalidades é definir a ordem de exibição de arquivo e diretórios;
- **LC_CTYPE**: define como o sistema trata certos caracteres. Dessa forma, é possível discriminar quais caracteres fazem parte e quais não fazem parte do alfabeto;
- **LC_MESSAGES**: definição de idioma dos avisos emitidos pelos programas (predominantemente os programas GNU);
- **LC_MONETARY**: define a unidade monetária e o formato da moeda;
- **LC_NUMERIC**: define o formato numérico de valores não monetários. A principal finalidade é determinar o separador de milhar e casas decimais;
- **LC_TIME**: define o formato de data e hora;
- **LC_PAPER**: define tamanho padrão de papel;
- **LC_ALL**: sobrepõe todas as demais variáveis.

* O código de idioma deve obedecer à especificação ISO-639 e o código de país deve obedecer à especificação ISO-3166.

Opções de idioma em scripts

A maioria das configurações de localização alteram a maneira como programas lidam com ordenação numérica e alfabética, alfabeto aceito e formato de números, grande parte dos programas já possui uma maneira de contornar essa situação. No caso de scripts, é importante definir a variável **LANG=C** para que o script não produza resultados diferentes quando a localização for diferente daquela onde ele foi escrito.

Exercícios

Questões Tópico 107

1. Qual comando pode ser usado para criar novas contas de usuário? Marque todas as alternativas corretas.

a. *useradd*

b. *adduser*

c. *createuser*

d. *newuser*

2. Qual é a finalidade do diretório /etc/skel?

a. Armazenar as tarefas agendadas.

b. Manter uma cópia dos diretórios do usuário.

c. Servir como modelo para novas contas de usuário.

d. Identificar usuários inativos ou bloqueados.

3. Quais comandos podem ser utilizados para alterar configurações de uma conta de usuário (marque todas as alternativas corretas) ?

a. *usermod*

b. *change*

c. *chage*

d. *passwd*

4. Senhas armazenadas diretamente no arquivo /etc/passwd devem ser convertidas para o arquivo /etc/shadow com o comando _______ (apenas o comando, sem argumentos).

5. O comando específico que um usuário pode utilizar para alterar seu shell padrão é o _______.

6. O terceiro campo do arquivo /etc/passwd corresponde ao (à)

a. o número ID (UID) do usuário

b. o número do grupo principal (GID) do usuário

c. a senha do usuário

d. o shell padrão do usuário

7. Qual comando tem finalidade de editar o arquivo /etc/group, de forma a evitar a corrupção do arquivo? Dê apenas o comando, sem argumentos.

8. Qual o formato de um agendamento crontab para execução do comando /usr/bin/backup.sh a cada 30 minutos?

9. O arquivo que define o período de horário de verão no sistema é o:
   a. /etc/localtime
   b. /etc/summertime
   c. /etc/timezone
   d. /etc/locale

10. Em scripts, o valor indicado para a variável LANG é:
   a. pt_BR
   b. UTF-8
   c. ISO-8859-1
   d. C

Peso total do tópico na prova: 11

Tópico 108:

Serviços essenciais do sistema

Principais temas abordados:

- Manutenção e atualização automática da data e hora;
- Administração do serviço de registro de logs;
- Fundamentos de servidores de email;
- Impressoras e filas de impressão.

108.1 Manutenção da data e hora do sistema

Peso 3

Um sistema com data e hora incorretas pode comprometer o funcionamento de alguns serviços, como manutenções programadas e registro de atividades. Além do ajuste direto da data e hora, é possível fazer o acerto automaticamente a partir de um servidor de tempo centralizado.

Relógios

O kernel do Linux mantém um relógio separado do relógio do hardware (BIOS), sendo que este é lido pelo relógio do kernel apenas durante o boot, passando logo a seguir a funcionar separadamente.

O relógio do hardware pode estar em hora local ou em hora universal (UTC). É preferível que esteja em hora universal, pois não será necessário modificá-lo no período de horário de verão e apenas o relógio de software eventualmente necessitará ser manipulado para essas e outras atividades.

O comando `date` é usado para mostrar a hora e data no sistema:

```
$ date
Qui Mai 14 14:07:10 BRT 2009
```

Com a opção `-u`, date mostra o horário em UTC (GMT 0:00):

```
$ date -u
Qui Mai 14 17:08:55 UTC 2009
```

O próprio comando date é usado para alterar o relógio do kernel, como demonstrado na **figura 1**. A opção `-u` especifica que a data informada refere-se ao horário UTC.

Para mostrar ou alterar o relógio do BIOS, é usado o comando `hwclock`. Com o argumento `-w`, o comando atualiza o relógio do BIOS tomando como referência a hora do sistema. Com o argumento `-s`, atualiza a hora do sistema a partir do relógio do BIOS. Como no comando date, o argumento `-u` indica que será usado o horário UTC.

NTP – Network Time Protocol

Um computador em rede pode manter seu relógio atualizado, comparando a hora com um outro computador na rede que tenha um relógio mais preciso. Isso é possível por meio do protocolo NTP.

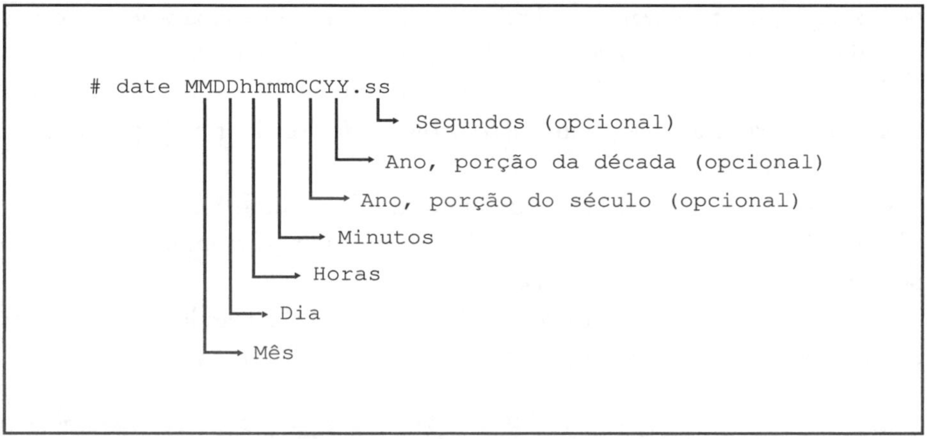

Figura 1. O comando date também pode alterar a data e hora do sistema.

Para um sistema usar o NTP, o arquivo `/etc/ntp.conf` deve estar configurado adequadamente e o serviço `ntpd` deve estar ativo. O ntpd utiliza o protocolo UDP através da porta de comunicação 123. Abaixo, um exemplo de arquivo `/etc/ntp.conf` simples:

```
server br.pool.ntp.org
server 0.pool.ntp.org
server 1.pool.ntp.org
server 2.pool.ntp.org
driftfile /etc/ntp.drift
```

Neste exemplo, foram definidos apenas os servidores NTP e o arquivo `drift`. Servidores NTP públicos podem ser encontrados no endereço *www.pool.ntp.org*.

A indicação do arquivo drift é conveniente, pois é nele que o ntpd armazenará as estatísticas de erro, projetando o intervalo de erro do relógio do sistema e atualizando-o.

Para verificar se o ntpd está ativo, pode ser utilizado o comando ntpq:

```
$ ntpq -p
remote            refid           st t  when  poll  reach  delay   offse   jitter
==============================================================================
-helium.constant  216.218.254.202  2u    59    64    37    1.023   -4.407   1.567
+mirror           130.173.91.58    2u    56    64    37    20.830   1.767   1.230
+bindcat.fhsu.ed  132.163.4.103    2u    58    64    37    50.598  -1.08    1.774
*time-a.timefreq  .ACTS.           1u    54    64    37    58.947   5.608   2.059
```

A opção `-p` faz com que o ntpq exiba os servidores de tempo conectados, quando foram consultados pela última vez e a estabilidade das respostas. É possível verificar, por exemplo, quantos segundos desde a última consulta (coluna when), a diferença em milissegundos entre o relógio local e o remoto (coluna offset).

Se já estiver ativo, o `ntpd` deverá ser reiniciado para utilizar as novas configurações. Quando em execução, o `ntpd` poderá funcionar como servidor NTP para outras máquinas na rede.

Caso os valores locais de hora difiram do servidor, o ntpd aproximará lentamente a hora, até que ambas sejam correspondentes, evitando assim mudanças bruscas que possam causar confusão no sistema.

Para forçar o ajuste imediato do relógio, é utilizado o comando `ntpdate`, fornecendo um servidor NTP como argumento:

```
# ntpdate br.pool.ntp.org
14 May 14:43:44 ntpdate[2675]: adjust time server 146.164.53.65 offset -0.010808 sec
```

O exemplo mostrado atualizou (0,010808 segundo) o desvio do relógio local com o relógio do servidor `br.pool.ntp.org`.

108.2 Configurar e recorrer a arquivos de log

Peso 3

Arquivos de log guardam registros das operações no computador. Essas operações estão muitos mais relacionadas aos programas em execução do que às atividades do usuário propriamente dito. Seu uso é especialmente útil em investigações sobre falhas.

A maioria dos arquivos de log é armazenada no diretório `/var/log/`. Enquanto alguns programas geram os próprios arquivos de log, como o servidores *X* e o *Samba*, a maioria dos logs do sistema são controlados pelo serviço `syslog` , que possui variantes como o `ryslog` e o `syslog-ng`

Configuração do Syslog

O syslog é configurado pelo arquivo `/etc/syslog.conf`. Cada regra de configuração é separada em dois campos, *seletor* e *ação*, separados por espaço(s) ou tabulação(ões). O campo seletor é dividido em duas partes – *facility* e *priority* – separadas por um ponto.

Facility identifica a origem da mensagem, ao se tratar de uma mensagem do kernel, erro de autenticação, identificação de hardware etc. Pode ser um dos seguintes termos: **auth**, **authpriv**, **cron**, **daemon**, **ftp**, **kern**, **lpr**, **mail**, **news**, **syslog**, **user**, **uucp** e **local0** até **local7**.

Priority identifica a urgência da mensagem. Quando um programa gera uma mensagem de log, ele próprio atribui uma urgência. O seletor priority identifica qual é essa urgência e encaminha a mensagem para o destino indicado. As mensagens dessa facility mais urgentes também serão encaminhadas para o destino indicado, a menos que seja explicitamente definido o contrário. A prioridade é: da menos urgente para mais urgente: **debug**, **info**, **notice**, **warning**, **err**, **crit**, **alert** e **emerg**. O termo **none** ignora a urgência para a facility em questão.

Tanto facility quanto priority podem conter caracteres modificadores. O caractere asterisco * indica que a regra vale, dependendo de que lado do ponto ela está, para qualquer facility ou priority. Mais de uma facility pode ser especificada para a priority na mesma regra, bastando separa-las por vírgula.

O sinal = confere exclusividade à facility/priority que o sucede. Em contrapartida, o sinal **!** faz ignorar a facility/priority que sucede. O sinal **;** pode ser usado para separar mais de um seletor para a mesma ação.

O campo *action* ou ação determina o destino dado à mensagem em questão. Geralmente, as mensagens são enviadas para arquivos em `/var/log/`, mas podem ser direcionadas também para pipes, consoles, máquinas remotas, usuários específicos e para todos os usuários no sistema. Exemplo de `/etc/syslog.conf`:

```
kern.*  /var/log/kernel
kern.crit              @192.168.1.11
kern.crit            /dev/console
kern.info;kern.!err /var/log/kernel-info
```

Todas as mensagens da facility *kernel* irão para o arquivo `/var/log/kernel`. Mensagens críticas e maiores irão para a máquina 192.168.1.11 e serão exibidas no console. Mensagens info e maiores, à exceção de mensagens de erro e maiores, irão para o arquivo `/var/log/kernel-info`.

Após alterações no arquivo `/etc/syslog.conf`, é necessário reiniciar o daemon syslogd para utilização das novas configurações.

Registro de log via rede

Além de poder enviar mensagens de log para um servidor remoto, é possível fazer com que o Syslog receba e registre mensagens de outras máquinas na rede. Para isso, basta iniciar no servidor o programa `syslogd` – programa responsável pelo serviço – com a opção `-r`. A partir daí, as máquinas remotas poderão encaminhar mensagens de log para o servidor. Essa estratégia é útil para evitar eventual perda de arquivos de log gravados localmente numa máquina.

Como os arquivos de log são continuamente ampliados, é bastante indicado que as mensagens mais antigas sejam movidas, para evitar que o arquivo de log aumente demais.

Essa tarefa é realizada com uso do programa `logrotate`. Normalmente, o logrotate é agendado para execução periódica.

Seu arquivo de configuração é `/etc/logrotate.conf`, com o qual regras de corte, compressão e envio por email, dentre outras, podem ser especificadas para cada arquivo de log.

Entradas manuais de log

Por meio do comando `logger` é possível criar mensagens de log manualmente, informadas como argumento ao comando. A opção `-p` permite determinar o par *facility.priority* para a mensagem.

Registros do Journal

O padrão **systemd** possui seu próprio mecanismo de registro de logs, chamado Journal. Para exibir o registro de logs, basta executar o comando journalctl. Para restringir a exibição a um período específico, o journalctl deve ser invocado com as opções --since (desde) ou --until (até). Por exemplo, para exibir apenas os registros a partir de 20 de janeiro de 2015:

```
$ journalctl --since="2015-01-20"
```

O journal mantém o registro de log até o tamanho máximo de 10% de seu respectivo sistema de arquivos. Ou seja, se o diretório que contém os arquivos de log – `/var/log/journal` – estiver num sistema de arquivos de 1000GB, o arquivo de log ocupará até 10GB. Esse limite pode não ser adequado a todos sistemas e pode ser alterado no arquivo de configuração `/etc/systemd/journald.conf`:

```
SystemMaxUse=500M
```

Essa opção limitará o tamanho dos arquivos de registro do journal até o máximo de 500M. Para ter efeito, o daemon **journald** deve ser reiniciado.

108.3 Fundamentos de MTA (Mail Transfer Agent)

Peso 3

O programa responsável por controlar o envio e recebimento de mensagens de correio eletrônico, local e remotamente, é chamado **MTA** – *Mail Transport Agent*. Há várias opções de MTAs, entre as quais o *sendmail*, o *postfix*, o *qmail* e o *exim*. O MTA roda como um serviço do sistema, geralmente utilizando a porta 25, responsável pelo protocolo *SMTP*.

Em ambientes Unix, é possível interagir com o funcionamento do MTA de diversas formas. Dentre as mais comuns, está criar um redirecionamento de email.

O redirecionamento pode ser definido no escopo geral do sistema ou pelo próprio usuário. Para definir um redirecionamento geral do sistema, é utilizado /etc/aliases. Nele, é possível vincular nomes diferentes – conhecidos como *aliases* – para um ou mais destinatários no sistema. Exemplo de /etc/aliases:

```
manager:        root
dumper:         root
webmaster:      luciano
abuse:          luciano
```

No exemplo acima, as mensagens enviadas para os usuários *manager* e *dumper* serão encaminhadas para o usuário *root* e as mensagens enviadas para *webmaster* e *abuse* serão encaminhadas para o usuário *luciano*. Após alterar esse arquivo, é necessário executar o comando newaliases para que as alterações entrem em funcionamento.

Esse tipo de direcionamento é indicado quando se deseja receber as mensagens encaminhadas para outro usuário. Também é possível fazer com que o MTA encaminhe as mensagens recebidas para outro usuário ou endereço de email, editando o arquivo .forward no diretório pessoal. Esse arquivo pode conter um ou mais endereços para os quais os emails recebidos pelo usuário em questão serão direcionados. Como começa por um ponto, o arquivo não é exibido. Portanto, é importante verificar se redirecionamentos antigos não estão ativos sem o conhecimento do usuário. Para exibir a fila de email e o estado das mensagens sendo transferidas, utiliza-se o comando mailq.

108.4 Configurar impressoras e impressão

Peso 2

Uma das principais finalidades para um computador, esteja ou não em rede, ainda é a impressão de documentos. Com o Linux não é diferente, e o programa responsável pelo sistema de impressão chama-se CUPS – *Common Unix Printing System*. O CUPS fornece controle sobre impressoras, filas de impressão, impressão remota e compatibilidade com as ferramentas do sistema de impressão antigo *lpd*.

Utilizando o CUPS

A configuração do CUPS pode ser feita diretamente em seus arquivos de configuração ou usando a linha de comando, mas a maneira mais recomendável é usar a interface Web, acessível por qualquer navegador comum (**figura 2**).

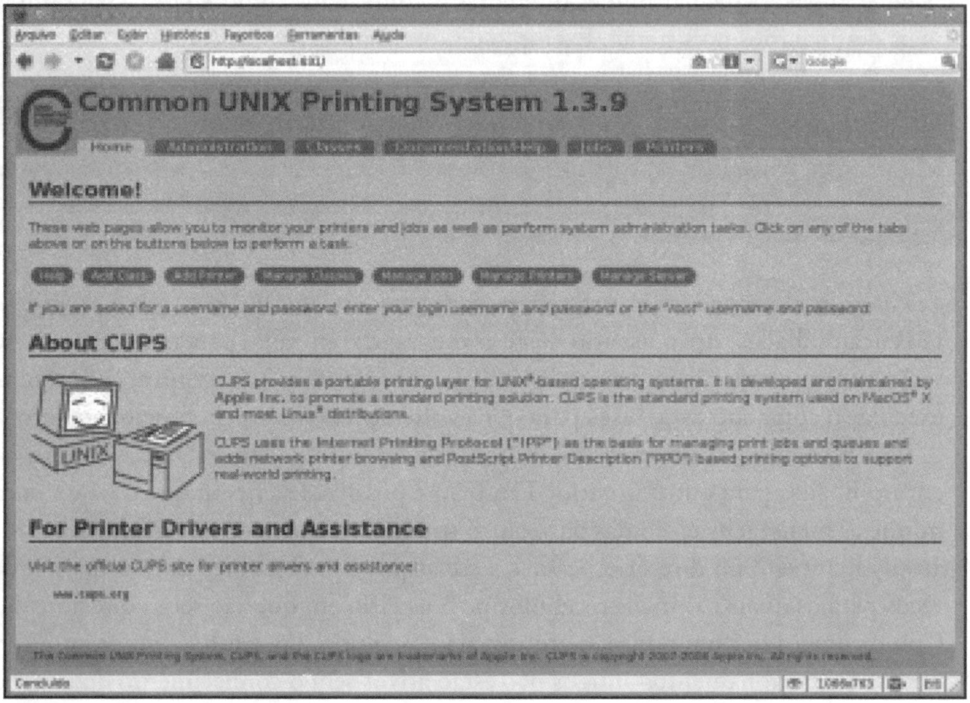

Figura 2. A interface Web de configuração do sistema de impressão CUPS, acessada pelo navegador.

Para fazer a configuração usando a interface Web basta acessar o endereço *http://localhost:631/* (localhost refere-se a própria máquina onde se está trabalhando). Para que a interface de configuração funcione é fundamental que o servidor de impressão (`/usr/sbin/cupsd`) esteja ativo. A maioria das distribuições inicia o servidor de impressão no boot do sistema.

Administração de impressoras pela linha de comando

A configuração de impressoras e filas de impressão pela linha de comando é uma tarefa árdua, mas pode ser necessária quando não é possível utilizar a interface web. O comando `lpinfo` é usado para obter uma lista dos dispositivos de impressão e protocolos de impressão disponíveis:

```
# lpinfo -v
network socket
network http
network ipp
network lpd
(...)
```

A primeira palavra da lista identifica o tipo do dispositivo. Para impressoras locais, é importante que o módulo do respectivo dispositivo esteja carregado (porta paralela, usb etc). Pode-se também utilizar a opção `-m` pra listar os modelos de impressoras disponíveis:

```
# lpinfo -m
(...)
C/pcl-550.ppd.gz HP DeskJet 550C - CUPS+Gimp-Print v4.2.7
C/pcl-560.ppd.gz HP DeskJet 560C - CUPS+Gimp-Print v4.2.7
foomatic-ppds/HP/HP-DeskJet_600-hpijs.ppd.gz HP DeskJet 600 Foomatic/hpijs (reco
mmended)
(...)
```

A maior parte das tarefas de administração de impressão pode ser realizada com o comando `lpadmin`:

As opções mais comuns associadas ao comando `lpadmin` são:

- `-c classe`: adiciona a impressora indicada a uma classe. Se a classe não existir, será criada;
- `-m modelo`: especifica qual é o driver padrão da impressora, geralmente um arquivo PPD. A lista de todos modelos disponíveis é mostrada com o comando `lpinfo -m`;
- `-r classe`: remove a impressora indicada da classe. A classe será apagada ao se tornar vazia;
- `-v dispositivo`: indica o endereço do dispositivo de comunicação da impressora que será utilizada;
- `-D info`: descrição textual para a impressora;
- `-E`: autoriza a impressora a receber trabalhos;
- `-L localização`: descrição textual para a localização da impressora;
- `-P arquivo PPD`: especifica um arquivo PPD de driver local para a impressora.

O exemplo abaixo adiciona uma impressora local, modelo HP DeskJet 600, ao sistema:

```
# lpadmin -p HP_DeskJet_600 -E -v parallel:/dev/lp0 -D "HP DeskJet 600" -L
↪"Impressora Local" -m foomatic-ppds/HP/HP-DeskJet_600-hpijs.ppd.gz
```

A impressora foi adicionada com suas opções padrão (tamanho da folha, qualidade de impressão etc). Para alterar esses valores, usa-se o comando `lpoptions`. O exemplo abaixo lista as opções possíveis para a impressora recém instalada:

```
# lpoptions -p HP_DeskJet_600 -l
PageSize/Page Size: Custom Letter *A4 Photo PhotoTearOff 3x5 5x8 A5 A6 A6TearOff
↪B5JIS Env10 EnvC5 EnvC6 EnvDL EnvISOB5 EnvMonarch Executive FLSA Hagaki Legal
↪Oufuku w558h774 w612h935
PageRegion/PageRegion: Letter A4 Photo PhotoTearOff 3x5 5x8 A5 A6 A6TearOff B5JIS
↪Env10 EnvC5 EnvC6 EnvDL EnvISOB5 EnvMonarch Executive FLSA Hagaki Legal Oufuku
↪w558h774 w612h935
PrintoutMode/Printout Mode: Draft Draft.Gray *Normal Normal.Gray High.Gray
↪Quality/Resolution, Quality, Ink Type, Media Type: *FromPrintoutMode 300ColorCMYK
↪300DraftColorCMYK 300DraftGrayscaleCMYK 300GrayscaleCMYK 600x300BestGrayscaleCMYK
```

O exemplo a seguir define a opção PrintoutMode como Draft (Rascunho):

```
# lpoptions -p HP_DeskJet_600 -o PrintoutMode=Draft
```

Para remover a impressora, usa-se o comando abaixo:

```
# lpadmin -x HP_DeskJet_600
```

O estado das impressoras e filas pode ser verificado com o comando `lpstat -a`.

Arquivos de configuração do CUPS

Os arquivos de configuração do CUPS encontram-se em `/etc/cups/`. Os principais são.

- `classes.conf`: define as classes para as impressoras locais;
- `cupsd.conf`: configurações do daemon cupsd;
- `mime.convs`: define os filtros disponíveis para conversão de formatos de arquivos;
- `mime.types`: define os tipos de arquivos conhecidos;

- `printers.conf`: define as impressoras locais disponíveis;
- `lpoptions`: configurações específicas para cada impressora.

Filas de impressão

Fila de impressão é o diretório temporário onde ficam os trabalhos antes de serem impressos. Por padrão, a fila no sistema de impressão antigo lpd fica em `/var/spool/lpd/`, ao passo que, no CUPS, é localizada em `/var/spool/cups/`. Para listar os trabalhos numa fila de impressão, é usado o comando `lpq`.

Imprimindo arquivos

O comando `lpr` envia o documento indicado para a fila de impressão. Opções comuns para esse comando são:

- `-Pxxx`: envia o arquivo para a fila xxx;
- `-#x`: imprime o documento x vezes;
- `-s`: não copia o documento para a fila de impressão, mas cria um link simbólico nela.

O comando *lpq* pode ser utilizado para inspecionar o andamento das tarefas de impressão. Usado na forma `lpq -a` mostra os trabalhos em todas as filas do sistema e `lpq -P` mostra os trabalhos no computador especificado.

A cada trabalho de impressão é associado um número. Esse número pode ser usado pelo comando `lprm` para cancelar um trabalho na fila de impressão. O comando *lprm* sem argumentos cancelará o último trabalho enviado. Informar o nome de um usuário como argumento cancelará todos os trabalhos de impressão deste usuário na fila. Para cancelar todos os trabalhos, usa-se `lprm -a` ou `lprm -`.

Impressão remota

Após uma impressora ser instalada na máquina local, ela poderá ser disponibilizada para toda rede a qual está conectada. Essa configuração pode ser feita na interface de configuração Web do CUPS ou na ferramenta de impressão da distribuição. Contudo, também poderá ser feita editando diretamente os arquivos de configuração.

Supondo ser o servidor de impressão a máquina com endereço **192.168.1.11** – a máquina onde a impressora foi configurada – e a rede onde a impressora será compartilhada **192.168.1.0/24**, a configuração pode ser feita da forma descrita a seguir, no arquivo `/etc/cups/cupsd.conf`:

```
<Location />\
Order Deny,Allow
```

```
Deny From All
Allow From 127.0.0.1
Allow From 192.168.1.0/24 # Liberar para a rede 192.168.1.0/24
</Location>
```

É necessário reiniciar o serviço cupsd para utilizar as novas configurações. Nos demais computadores da rede, basta incluir no arquivo `/etc/cups/client.conf`:

```
ServerName 192.168.1.11
```

A impressora remota pode ser verificada no terminal com o comando `lpstat -a`:

```
# lpstat -a
HP_DeskJet_600 aceitando solicitações desde Qua 11 Mar 2009 18:34:54 BRT
```

Para que os documentos sejam automaticamente impressos nessa impressora, basta torná-la a impressora padrão com o comando:

```
lpoptions -d HP_DeskJet_600
```

Usando o sistema *Samba*, é possível imprimir com uma impressora instalada em um servidor Microsoft Windows. Para fazê-lo, deve-se escolher o dispositivo "*Windows Printer via SAMBA*" e utilizar a localização *URI smb://servidor/impressora* ao instalar uma impressora, substituindo-os pelos valores apropriados. Se o servidor exigir autenticação, a URI deverá ser *smb://usuário:senha@grupo/servidor/impressora.*

Exercícios

Questões Tópico 108

1. O comando utilizado para definir a data e hora do sistema é o:

a. *date*
b. *setdate*
c. *clock*
d. *time*

2. O relógio do BIOS da máquina pode ser acertado a partir do relógio do sistema com o comando:

a. hwclock -w
b. hwclock -s
c. hwclock -b
d. hwclock -h

3. Os servidores de tempo do protocolo NTP devem ser definidos em qual arquivo? Informar o caminho completo, diretório e arquivo.

4. O comando ________ atualiza imediatamente a hora local a partir de um servidor NTP.

5. Dentre as listadas, qual é a prioridade mais urgente do serviço syslog?

a. crit
b. emerg
c. debug
d. panic

6. Qual o nome do comando cuja finalidade é gerar entradas de *log* manualmente? Dê somente o nome do comando, sem argumentos.

7. O arquivo que define aliases de email para todo o sistema é:

a. /etc/alias
b. /etc/aliases
c. /etc/antialias
d. /etc/forward

8. O comando newaliases tem a finalidade de:

a. Ativar os novos aliases de email.
b. Abrir o assistente de criação de alias de email.
c. Apagar a tabela antiga de aliases.
d. Localizar os aliases de email criados recentemente.

9. A porta de rede padrão de comunicação do servidor de impressão CUPS é a:

a. 80
b. 143
c. 631
d. 3389

10. Qual é a forma correta de utilização do comando *lpr* para imprimir três cópias do arquivo documento.txt?

a. lpr +3 documento.txt
b. lpr -3 documento.txt
c. lpr -c 3documento.txt
d. lpr -#3 documento.txt

Peso total do tópico
na prova: 14

Tópico 109:

Fundamentos de rede

Principais temas abordados:

- Protocolos de Internet;
- Configuração e resolução de problemas de rede;
- Serviço de resolução de nomes DNS.

109.1 Fundamentos dos protocolos de Internet

Peso 4

As máquinas em rede conseguem comunicar-se umas com as outras utilizando um número chamado IP. Ao conectar um computador na rede, seja uma rede interna ou diretamente à internet, ele necessariamente precisará obter um endereço IP para poder comunicar-se com outras máquinas.

Endereço IP

Endereços IP no formato *X.X.X.X* – conhecidos pelo termo inglês *dotted quad* – são a expressão, em números decimais, de um endereço de rede binário. Cada um dos quatro campos separados por pontos corresponde a um byte, algumas vezes chamado octeto. Por exemplo, o número IP *192.168.1.1* corresponde à forma binária:

```
11000000.10101000.00000001.00000001
```

A tabela **Conversão de binários para decimais** demonstra a correspondência entre números binários e números decimais.

Cada interface de rede numa mesma rede deverá ter um endereço IP único, mas cada computador pode possuir mais de uma interface de rede. Nesse caso, o computador pode estar conectado a diversas redes diferentes.

Conversão de binários para decimais

Binário	Exponenciação	Decimal
0000 0001	2^0	1
0000 0010	2^1	2
0000 0100	2^2	4
00001000	2^3	8
00010000	2^4	16
00100000	2^5	32
01000000	2^6	64
10000000	2^7	128

Classes de redes

Para redes privadas (LANs), existem faixas específicas de IPs que podem ser usadas e que não devem ser aplicadas a interfaces ligadas à internet. Essas faixas são chamadas classes:

- **Classe A**: 1.0.0.0 até 127.0.0.0. Endereços de rede de 8 bits e endereços de interfaces de 24 bits. O primeiro octeto do número IP representa o endereço da rede. A máscara de rede padrão é 255.0.0.0. Permite aproximadamente 1,6 milhões de IPs de interface para cada rede;
- **Classe B**: 128.0.0.0 até 191.255.0.0. Endereços de rede de 16 bits e endereços de interfaces de 16 bits. Os dois primeiros octetos representam o endereço da rede. A máscara padrão é 255.255.0.0. Permite 16.320 redes, com 65.024 IPs de interface para cada rede;
- **Classe C**: 192.0.0.0 até 223.255.255.0. Endereços de rede de 24 bits e endereços de interfaces de 8 bits. Os três primeiros octetos representam o endereço da rede. A máscara padrão é 255.255.255.0. Permite aproximadamente 2 milhões de redes, com 254 IPs de interface cada uma.

Endereço de rede, máscara de rede e endereço broadcast

Para que os dados possam ser encaminhados corretamente pela rede, a interface de rede precisa conhecer seu número IP, o número IP de destino e a qual rede eles pertencem.

Na maioria dos casos, a rede do IP de destino só será conhecida quando esse IP de destino estiver dentro da mesma rede interna do IP de origem. É possível identificar se um IP pertence a uma rede fazendo o cálculo a partir da máscara de rede. O cálculo é feito a partir da forma binária dos números IP.

Máscara de 16 bits:

```
11111111.11111111.00000000.00000000 = 255.255.0.0
```

Máscara de 17 bits:

```
11111111.11111111.10000000.00000000 = 255.255.128.0
```

Na primeira máscara (16 bits), pertencerão à mesma rede os IPs cujos dois primeiros octetos do endereço não difiram entre si. Na segunda máscara (17 bits), pertencerão à mesma rede os IPs cujos dois primeiros octetos e o primeiro bit do terceiro octeto do endereço não difiram entre si. Dessa forma, dois endereços de interface 172.16.33.8 e 172.16.170.3 estarão na mesma rede se a máscara for de 16 bits, mas não se a máscara for de 17 bits.

As máscaras de rede variam dependendo do contexto da rede. Consequentemente, o endereço da rede corresponde à parte do número IP determinado pelos bits marcados da máscara de rede. Para uma máquina 172.16.33.8 com máscara de rede 255.255.0.0, o endereço da rede será 172.16.0.0.

O endereço *broadcast* é o número IP que designa todas as interfaces numa rede. Para um endereço de rede 172.16.0.0, o endereço broadcast será 172.16.255.255.

Com o uso de operadores matemáticos lógicos – *AND*, *OR* e *NOT* –, os endereços binários são calculados bit a bit. Assim, os IPs da rede e de broadcast resultam das operações:

IP da Interface	**AND**	**Máscara da rede**	**=**	**IP da Rede**
IP da Rede	**OR NOT**	**Máscara da rede**	**=**	**IP de Broadcast**

Um endereço IP pode demonstrar a informação de endereço da rede, máscara de rede e broadcast numa forma abreviada. Por exemplo, *192.168.1.129/25*, em que número 25 após a barra indica a quantidade de bits reservados para o endereço de rede. Conclui-se que é uma rede CIDR com máscara de sub-rede 255.255.255.128, de endereço 192.168.1.128 e broadcast 192.168.1.255.

Sub-redes

Uma mesma rede pode ser dividida em duas ou mais redes, bastando redefinir a máscara de rede. Dessa forma, uma rede pode ser dividida em redes menores, sem classe, chamadas **CIDR** – *Classless Inter Domain Rounting*.

Por exemplo, uma rede cujo endereço é 192.168.1.0 e a máscara de rede é 255.255.255.0 pode ser dividida em duas ao ativar o primeiro bit do quarto octeto na máscara de rede. Os primeiros 25 bits do IP seriam referentes ao endereço da rede. O diagrama **Máscara de 25 bits** mostra o que acontece quando é aplicada uma máscara de 25 bits à rede 192.168.1.0.

Máscara de 25 bits

A divisão em duas sub-redes acontece devido ao 25º bit, que avança sobre o quarto octeto e divide a rede em duas. De maneira semelhante, uma máscara de rede de 26 bits dividiria a rede em quatro, pois as redes resultantes seriam *192.168.1.0*, *192.168.1.64*, *192.168.1.128* e *192.168.1.192*.

Máscara de 25 bits.

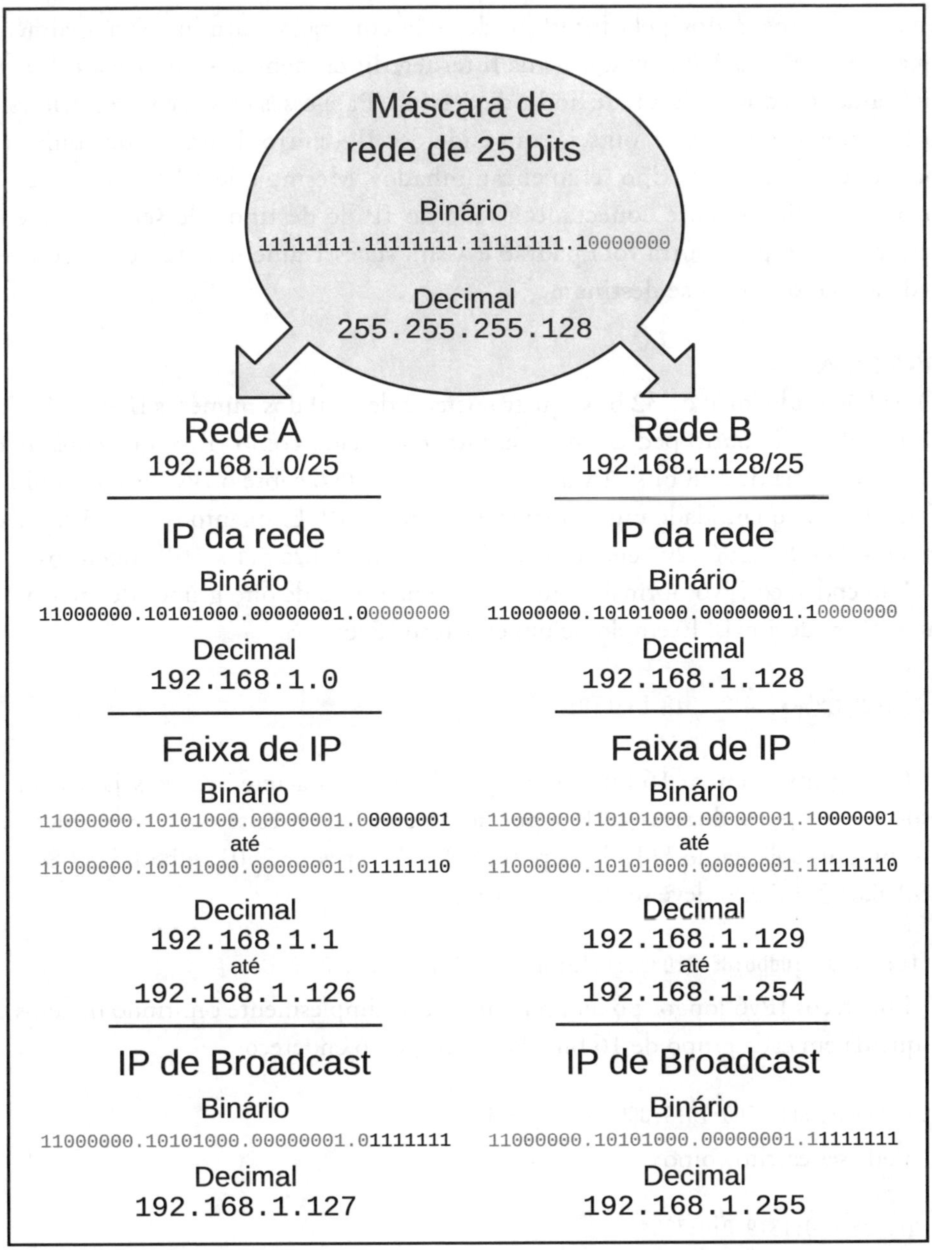

Cada sub-rede ocupa dois IPs para seus respectivos endereços de rede e broadcast, portanto o total de IPs para as interfaces das estações será proporcionalmente reduzido.

Rota padrão

Conhecendo o IP de destino e a qual rede ele pertence, o sistema será capaz de encaminhar os dados pela interface de rede correta. Contudo, principalmente quando o destino é uma máquina na Internet, dificilmente a interface local estará diretamente conectada à rede do IP de destino. Para esses casos, é necessário estabelecer uma *rota padrão*, ou seja, um endereço IP dentro de uma rede conhecida para onde dados desse tipo serão encaminhados. Mesmo que o IP da rota padrão não esteja diretamente conectado à rede do IP de destino, ele será novamente encaminhado para outra rota padrão e assim sucessivamente, até que encontre a rede a qual os dados se destinam.

IPv4 e IPv6

O padrão tradicional de 32 bits (quatro octetos de bits) dos números IP é conhecido como IPv4. Há outro padrão mais recente, conhecido como IPv6, que consiste de uma sequência de 128 bits. A vantagem óbvia do IPv6 sobre o IPv4 é a disponibilidade de uma quantidade muito maior de números IP. Enquanto o IPv4 é capaz de gerar 4.294.967.296 (2^{32}) endereços, o IPv6 disponibiliza $3,4 \times 10^{38}$ endereços.

Um endereço IPv6 normalmente é escrito na forma de oito grupos de quatro números hexadecimais. Exemplo de um endereço IPv6:

```
2001:0db8:85a3:08d3:1319:8a2e:0370:7334
```

Cada grupo contém 16 bits e são separados pelo caractere :. Caso seja necessário especificar a porta de serviço IP, a porção do endereço precisa estar entre colchetes. Assim, uma solicitação HTTP na porta 8080 do servidor 2001:0db8:85a3:08d3:1319:8a2e:0370:7334 deve ser feita na forma:

```
http://[2001:0db8:85a3:08d3:1319:8a2e:0370:7334]:8080
```

Endereços IPv6 longos podem ser abreviados simplesmente omitindo os zeros da esquerda em cada grupo de 16 bits. Por exemplo, o endereço

```
2001:0db8:0000:0000:1319:0000:0000:7334
```

Pode ser escrito como

```
2001:db8:0:0:1319:0:0:7334
```

Além disso, sequências de zeros podem ser substituídas por ::, passando a ser escrito na forma:

```
2001:db8::1319:0:0:7334
```

A substituição da sequência só pode ser feita uma vez no endereço, para evitar perda de informação sobre o endereço. Logo, a forma

```
2001:db8:0:0:1319::7334
```

Também pode ser utilizada. Endereços IPv6 também utilizam a notação CIDR para especificar o prefixo de rede. Sua notação é igual à do IPv4:

```
2001:db8:0:0:1319::7334/64
```

O número decimal após o caractere / define a quantidade de bits à esquerda que corresponde ao prefixo da rede.

Os endereços IPv6 são classificados em três tipos: Unicast, Anycast e Multicast:

- Unicast: O endereço IPv6 Unicast identifica uma única interface de rede. Os pacotes destinados a um endereço Unicast serão encaminhados exclusivamente à interface em questão. Por padrão, os 64 bits à esquerda de um endereço IPv6 Unicast identificam sua rede e os 64 bits à direita identificam a interface.
- Anycast: O endereço IPv6 Anycast identifica um conjunto de interfaces de rede. Os pacotes destinados a um endereço Anycast serão encaminhados apenas à interface mais próxima dentro deste conjunto.
- Multicast: Como o endereço IPv6 Anycast, o endereço IPv6 Multicast identifica um conjunto de interfaces de rede. Os pacotes destinados a um endereço Multicast serão encaminhados à todas interfaces de rede do conjunto. Apesar de ser semelhante ao Broadcast do IPv4, não pode ser confundido com o mesmo. No IPv6 não existe broadcast.

O IPv4 ainda é muito mais difundido e é possível a intercomunicação entre os dois padrões. Porém, à medida que cada vez mais dispositivos demandarem o uso de um endereço IP, o padrão IPv6 tornar-se-á o vigente.

Protocolos de rede

Vários protocolos são necessários para a transmissão de dados numa rede. Protocolos constituem a "linguagem" usada na comunicação entre duas máquinas, permitindo a transmissão de dados. Os principais protocolos são:

- **IP - Internet Protocol**: protocolo base utilizado pelos protocolos TCP, UDP e ICMP para endereçamento;
- **TCP - Transfer Control Protocol**: protocolo de controle da formatação e integridade dos dados transmitidos;
- **UDP - User Datagram Protocol**: exerce a mesma função do TCP, porém os o controle sofre intervenção da aplicação;

- **ICMP - Internet Control Message Protocol**: permite a comunicação entre roteadores e hosts, para que identifiquem e relatem o estado de funcionamento da rede.

Portas TCP e UDP

Os protocolos de rede tornam possível a comunicação dos serviços de rede (FTP, HTTP, SMTP etc), assinalando uma porta específica para cada um deles. Ou seja, além de conhecer o endereço de uma máquina na rede, é necessário indicar em qual porta nesse endereço os dados devem ser transmitidos. É muito importante que todos os computadores interligados respeitem os números de porta corretos para cada serviço. A lista oficial de portas e serviços associados é controlada pela **IANA** – *Internet Assigned Numbers Authority* – e está disponível em *http://www.iana.org/assignments/port-numbers*. As primeiras 1024 portas de serviços são reservadas.

No Linux, a lista de serviços conhecidos e de suas portas é armazenada em `/etc/services`. As portas são campos de 16 bits, existindo, portanto, um máximo de 65535 portas. A tabela **Portas de serviços** mostra as principais portas de serviço IP.

Portas de serviços

Porta	Serviço
20	FTP (porta de dados)
21	FTP
22	SSH
23	Telnet
25	SMTP
53	DNS
80	HTTP
110	POP3
119	NNTP (Usenet)
139	Netbios
143	IMAP
161	SNMP
443	HTTPS
465	SMTPS
993	IMAPS
995	POP3S

109.2 Configuração básica de rede

Peso 4

Apesar de os protocolos de rede serem os mesmos para qualquer sistema operacional, cada um destes possui ferramentas e maneiras diferentes de realizar a configuração e ingresso na rede. No Linux existem muitas maneiras de realizar a configuração, sendo que as mais tradicionais envolvem apenas alguns poucos arquivos e comandos.

Arquivos de configuração

Todas as configurações de rede ficam armazenadas dentro de arquivos de texto comuns, no diretório `/etc`. Apesar de cada distribuição utilizar métodos distintos para realizar as configurações automáticas de rede, todas elas obedecem à padronização tradicional de armazenamento das configurações.

/etc/hostname

Arquivo que contém o nome atribuído à máquina local:

```
$ cat /etc/hostname
luciano-desktop
```

/etc/hosts

Associa os números IP da rede a nomes. Ele é prático para atribuir um nome mais simples para máquinas acessadas frequentemente ou para pequenas redes, onde um serviço de resolução automática de nomes não é necessário:

```
$ cat /etc/hosts
127.0.0.1            localhost lcnsqr
189.14.98.138   themisto
201.6.144.122   office
192.168.64.199  note
```

/etc/nsswitch.conf

Determina por onde o sistema deve começar a procurar recursos como endereços de rede, serviço de autenticação etc. Termos chave como *files*, *nis* e *dns* determinam onde os recursos em questão podem ser encontrados:

```
$ cat /etc/nsswitch.conf
hosts:   files dns
```

```
↳
networks:       files
services:       files
protocols:      files
```

/etc/resolv.conf

Determina os números IP dos servidores de resolução de nomes DNS.

```
$ cat /etc/resolv.conf
search linuxnewmedia.com.br
nameserver 208.67.222.222
nameserver 208.67.220.220
```

A primeira linha, *search linuxnewmedia.com.br*, determina que caso seja solicitada a resolução de um nome sem domínio, automaticamente será incluído o domínio *linuxnewmedia.com.br*.

Configuração manual da interface

Fundamental para o funcionamento da rede é que a interface de rede esteja configurada corretamente. Se toda a parte estrutural da rede – roteador(es) e cabeamento – estiver corretamente preparada e a interface de rede corretamente instalada, esta poderá ser configurada manualmente por meio do programa `ifconfig`.

O comando ifconfig possui muitas finalidades, mas a principal é definir um endereço IP para a interface de rede, por exemplo:

```
# ifconfig eth0 192.168.1.2 up
```

À interface eth0 foi atribuído o endereço IP *192.168.1.2*. Para desativar a interface de rede, utiliza-se *down*:

```
# ifconfig eth0 down
```

A máscara de rede para a interface também pode ser especificada com o `ifconfig`:

```
# ifconfig eth0 192.168.1.2 netmask 255.255.255.0 up
```

O `ifconfig` também é usado para inspecionar as configurações de uma interface. Sem argumentos, ele mostra as configurações de todas as interfaces ativas do sistema.

Para verificar as configurações de uma interface específica, basta fornecer como argumento o nome da interface:

```
# ifconfig eth0
eth0      Link encap:Ethernet  Endereço de HW 00:12:3f:fd:80:00
          inet end.: 192.168.1.109  Bcast:192.168.1.255  Masc:255.255.255.0
          endereço inet6: fe80::212:3fff:fefd:8000/64 Escopo:Link
          UP BROADCAST RUNNING MULTICAST  MTU:1500  Métrica:1
          pacotes RX:886248 erros:0 descartados:0 excesso:0 quadro:0
          Pacotes TX:820466 erros:0 descartados:0 excesso:0 portadora:0
          colisões:0 txqueuelen:1000
          RX bytes:352704641 (352.7 MB) TX bytes:116209432 (116.2 MB)
```

Configuração de rotas

O comando route mostra e cria rotas de rede. Exemplo de tabela de rotas, exibida com o comando `route -n`:

```
# route -n
Kernel IP routing table
Destination     Gateway         Genmask         Flags Metric Ref    Use Iface
10.64.64.64     0.0.0.0         255.255.255.255 UH    0      0        0 ppp0
192.168.177.2   0.0.0.0         255.255.255.255 UH    0      0        0 tun0
192.168.177.0   192.168.177.2   255.255.255.0   UG    0      0        0 tun0
192.168.64.0    0.0.0.0         255.255.255.0   U     0      0        0 wlan0
127.0.0.0       0.0.0.0         255.0.0.0       U     0      0        0 lo
0.0.0.0         0.0.0.0         0.0.0.0         U     0      0        0 ppp0
```

O campo *Flags* mostra o estado de funcionamento da rota, podendo conter os seguintes caracteres:

- **U**: rota ativa e funcional;
- **H**: o alvo é um host;
- **G**: é a rota gateway;
- **R**: restabelecer rota por roteamento dinâmico;
- **D**: rota estabelecida dinamicamente por daemon ou redirecionamento;
- **M**: modificada por daemon ou redirecionada;
- **!**: rota rejeitada.

Configuração automática de rede

Na maior parte dos casos, tanto a configuração da interface quanto das rotas de rede é feita automaticamente usando o recurso de DHCP. O programa DHCP cliente envia uma requisição para a rede por meio da interface especificada e o servidor responde com informações de endereço IP, máscara de rede, broadcast etc., que serão usadas para configurar a interface local.

Por exemplo, para criar uma rota na interface eth0, para a rede 192.168.1.0, usando a máscara de rede 255.255.255.0:

```
# route add -net 192.168.1.0 netmask 255.255.255.0 dev eth0
```

Para criar uma rota padrão pela máquina *200.228.60.1* (*default gateway*), usaríamos:

```
# route add default gw 200.228.60.1
```

Outra maneira de criar a rota padrão é criar uma rota para a rede 0.0.0.0, ou seja, qualquer rede que não tenha uma rota especificada:

```
# route add -net 0.0.0.0 dev eth0
```

Por sua vez, o comando para remover a rota-padrão pela máquina *200.228.60.1* é:

```
# route del default gw 200.228.60.1
```

O comando `ping` pode ser usado para identificar o funcionamento da rede. Utilizando o protocolo ICMP, ele simplesmente envia uma pequena quantidade de dados para uma máquina especificada e aguarda um resposta. Se a máquina remota responder, significa que a configuração básica da rede está funcionando.

Por exemplo, após identificar o gateway padrão com o comanto route, enviar três requisições de resposta com o comando `ping`:

```
# route -n
Tabela de Roteamento IP do Kernel
Destino         Roteador        MáscaraGen.     Opções Métrica Ref   Uso Iface
192.168.1.0     0.0.0.0         255.255.255.0   U      1       0       0 eth0
169.254.0.0     0.0.0.0         255.255.0.0     U      1000    0       0 eth0
0.0.0.0         192.168.1.254   0.0.0.0         UG     0       0       0 eth0
```

```
↳
# ping -c3 192.168.1.254
PING 192.168.1.254 (192.168.1.254) 56(84) bytes of data.
64 bytes from 192.168.1.254: icmp_seq=1 ttl=64 time=0.364 ms
64 bytes from 192.168.1.254: icmp_seq=2 ttl=64 time=0.274 ms
64 bytes from 192.168.1.254: icmp_seq=3 ttl=64 time=0.344 ms

--- 192.168.1.254 ping statistics ---
3 packets transmitted, 3 received, 0% packet loss, time 1998ms
rtt min/avg/max/mdev = 0.274/0.327/0.364/0.041 ms
```

Com essa saída verifica-se que o servidor respondeu corretamente e a rota está funcionando como se espera.

109.3 Soluções para problemas de rede simples

Peso 4

A etapa mais importante para corrigir uma rede com problemas é identificar a origem da falha. Diversos comandos podem ser usados para essa finalidade, cada um com uma aplicação específica.

Inspecionando a configuração

O primeiro passo na identificação de um problema na rede é verificar a configuração da interface. Isso pode ser feito com o próprio comando `ifconfig`:

```
# ifconfig eth0
eth0      Link encap:Ethernet  Endereço de HW 00:12:3f:fd:80:00
          inet end.: 192.168.1.109  Bcast:192.168.1.255  Masc:255.255.255.0
          endereço inet6: fe80::212:3fff:fefd:8000/64 Escopo:Link
          UP BROADCAST RUNNING MULTICAST  MTU:1500  Métrica:1
          pacotes RX:1862351 erros:0 descartados:0 excesso:0 quadro:0
          Pacotes TX:1747229 erros:0 descartados:0 excesso:0 portadora:0
          colisões:0 txqueuelen:1000
          RX bytes:580345633 (580.3 MB) TX bytes:224131348 (224.1 MB)
```

A resposta do ifconfig exibe o endereço IP da interface, o endereço de broadcast e a máscara da rede. Caso essas informações não estejam presentes, é provável que a interface ainda não tenha sido configurada. O próprio ifconfig pode ser usado para configurar a rede, mas o comando `ifup` automatiza a tarefa ao utilizar o arquivo que armazena as configurações para a interface específica (`/etc/network/interfaces`). O comando `ifdown` realiza a tarefa inversa, desativa a interface especificada quando necessário.

Correção de rotas

Se as configurações da interface estiverem corretas e ainda assim o comando ping não receber resposta do gateway, é possível que a tabela de rotas esteja incorreta. Para verificar a tabela de rotas, utiliza-se o comando `route`:

```
# route -n
Tabela de Roteamento IP do Kernel
Destino         Roteador        MáscaraGen.     Opções Métrica Ref    Uso Iface
192.168.1.0     0.0.0.0         255.255.255.0   U      1       0        0 eth0
0.0.0.0         192.168.1.254   0.0.0.0         UG     0       0        0 eth0
```

A listagem mostra que existem tanto a rota para a rede local (*192.168.1.0*), a qual a interface `eth0` está diretamente conectada, quanto a rota padrão (*destino 0.0.0.0*) apontando para a máquina *192.168.1.254*.

Caso outras máquinas dentro da mesma rede respondam ao comando ping, mas máquinas fora da rede local não respondam, é muito provável que a rota padrão não esteja configurada corretamente. Ou seja, os pacotes de dados enviados para fora da rede local – via rota padrão – não estão obtendo resposta.

Para excluir uma rota padrão, o próprio comando route pode ser utilizado:

```
# route del default gw 200.228.60.1
```

ou simplesmente indicando a rede:

```
# route del -net 0.0.0.0
```

Em seguida, basta incluir a rota padrão adequada. Por exemplo, se o destino da rota padrão for a máquina 192.168.1.1:

```
# route add default gw 192.168.1.1
```

Após alterar a configuração de interface e rotas, o ping deve ser novamente utilizado para verificar a conectividade. Se ainda houverem problemas de conexão, principalmente para endereços fora da rede local, o problema poderá estar em outro ponto da configuração.

Resolução de nomes

Um dos principais problemas de conexão de rede é a falha no serviço de resolução de nomes DNS. O DNS é responsável por traduzir nomes de sites – como *www.linux-magazine.com.br* – para um número IP, tornando possível a comunicação pela rede.

Para testes mais simples de resolução de nomes, o comando `host` pode ser utilizado. Por exemplo, traduzir o domínio *www.fsf.org* para um número IP:

```
# host www.fsf.org
Host www.fsf.org not found: 5(REFUSED)
```

O teste não foi bem sucedido e a tradução para número IP não aconteceu. É possível indicar um servidor DNS específico logo após o nome sendo testado:

```
# host www.fsf.org 208.67.222.222
Using domain server:
Name: 208.67.222.222
Address: 208.67.222.222#53
Aliases:

www.fsf.org is an alias for fsf.org.
fsf.org has address 140.186.70.59
fsf.org mail is handled by 10 mail.fsf.org.
fsf.org mail is handled by 20 mx20.gnu.org.
```

Ao especificar o servidor DNS 208.67.222.222 foi possível traduzir o nome para IP. Isso indica que não há servidor DNS especificado no arquivo `/etc/resolv.conf` ou o servidor indicado no arquivo não está respondendo.

Nome local

É possível que a máquina local possua um nome diferente daquele que a identifica na rede. Isso não é um problema, mas é importante que o nome local da máquina reflita um IP local válido – geralmente o IP da interface lógica local: 127.0.0.1. Para identificar o nome local da máquina, pode ser usado o comando hostname. O próprio comando hostname também pode ser usado para alterar temporariamente o nome da máquina local.

O comando `dig` (*Domain Information Groper*) retorna informações mais avançadas para o diagnóstico de problemas em servidores DNS. Se nenhum argumento for utilizado, o comando realizará o teste-padrão no(s) servidor(es) encontrados no arquivo `/etc/resolv.conf`. Para utilizar um servidor específico, basta indicá-lo após o caractere @:

```
# dig lnm.com.br @208.67.222.222

; <<>> DiG 9.5.1-P2 <<>> lnm.com.br @208.67.222.222
;; global options:  printcmd
;; Got answer:
;; ->>HEADER<<- opcode: QUERY, status: NOERROR, id: 62841
;; flags: qr rd ra; QUERY: 1, ANSWER: 1, AUTHORITY: 0, ADDITIONAL: 0

;; QUESTION SECTION:
;lnm.com.br.                    IN      A

;; ANSWER SECTION:
lnm.com.br.             3596    IN      A       189.14.98.138

;; Query time: 146 msec
;; SERVER: 208.67.222.222#53(208.67.222.222)
;; WHEN: Mon May 18 13:35:27 2009
;; MSG SIZE  rcvd: 44
```

Essa resposta mostra que o domínio lnm.com.br foi localizado pelo servidor DNS indicado. O trecho *QUESTION* mostra qual foi o nome pesquisado e o trecho *ANSWER* mostra qual foi a resposta do servidor consultado.

Outros problemas de rede

Se todas as configurações de rede estiverem em ordem e ainda assim existirem problemas de conectividade, é possível que as falhas estejam em outros pontos da rede. Um comando importante para analisar o tráfego e a resposta das máquinas remotas é o `netstat`. Por exemplo, é possível inspecionar todas as conexões do protocolo TCP ativas:

```
# netstat -tn
Conexões Internet Ativas (sem os servidores)
```

```
↪
Proto Recv-Q Send-Q Endereço Local          Endereço Remoto         Estado
tcp        0      0 192.168.11.1:55488      192.168.11.2:5432       ESTABELECIDA
tcp        0      0 192.168.11.1:55055      192.168.11.2:5432       ESTABELECIDA
tcp        0      0 192.168.11.1:55468      192.168.11.2:5432       ESTABELECIDA
tcp        0      0 192.168.11.1:45444      192.168.11.2:5432       ESTABELECIDA
tcp        0      0 192.168.11.1:55453      192.168.11.2:5432       ESTABELECIDA
tcp        0      0 192.168.11.1:55469      192.168.11.2:5432       ESTABELECIDA
tcp        0      0 192.168.11.1:55402      192.168.11.2:5432       ESTABELECIDA
(...)
tcp6       0      0 189.14.98.138:80        201.28.39.220:4288      TIME_WAIT
tcp6       0      0 189.14.98.138:80        200.221.9.6:39609       TIME_WAIT
tcp6       0      0 189.14.98.138:80        200.221.9.14:54862      TIME_WAIT
tcp6       0      0 189.14.98.138:80        200.221.9.14:48957      TIME_WAIT
tcp6       0      0 189.14.98.138:80        201.28.39.220:4706      ESTABELECIDA
```

A opção `-n` determina que sejam mostrados apenas os números IPs e a opção `-t` determina a configuração apenas das conexões do protocolo TCP. Para exibir continuamente as novas conexões, basta informar a opção `-c`.

O netstat também agrega algumas funções de outros comandos. Com a opção `-i`, exibe todas as interfaces de rede ativas e estatísticas relacionadas:

```
# netstat -i
Tabela de Interfaces do Kernel
Iface MTU Met RX-OK RX-ERR RX-DRP RX-OVR TX-OK TX-ERR TX-DRP TX-OVR Flg
eth0       1500 0  1913157      0      0 0       1793478      0      0      0 BMRU
lo        16436 0   322914      0      0 0        322914      0      0      0 LRU
```

Com a opção `-r`, exibe a tabela de rotas do sistema:

```
# netstat -rn
Tabela de Roteamento IP do Kernel
Destino         Roteador        MáscaraGen.     Opções   MSS Janela  irtt Iface
192.168.1.0     0.0.0.0         255.255.255.0   U          0 0          0 eth0
0.0.0.0         192.168.1.254   0.0.0.0         UG         0 0          0 eth0
```

Caso o tráfego de dados mostre que algumas conexões não respondem, o problema poderá estar no ponto remoto, ou seja, em outra máquina da rede. Para identificar em que ponto as conexões não seguem adiante, existe o comando `traceroute`. O traceroute mostra as rotas percorridas por um pacote até chegar ao seu destino. Limitando o campo *TTL* (*Time To Live*) dos pacotes, ele recebe respostas de erro *ICMP TIME_EXCEEDED* de cada máquina ao longo do trajeto e exibe onde a comunicação foi interrompida:

```
# traceroute -n 189.14.98.138
traceroute to 189.14.98.138 (189.14.98.138), 30 hops max, 60 byte packets
 1  192.168.1.254  0.448 ms  1.041 ms  1.062 ms
 2  201.83.16.1  13.107 ms  13.142 ms  13.156 ms
 3  201.6.0.6  14.719 ms  15.828 ms  15.911 ms
 4  201.6.0.92  16.835 ms  16.923 ms  14.719 ms
 5  201.6.1.226  15.872 ms  16.630 ms  16.718 ms
 6  200.221.30.94  16.790 ms  17.668 ms  17.100 ms
 7  200.192.129.129  16.939 ms  27.872 ms  27.882 ms
 8  189.14.98.138  28.228 ms  26.806 ms  27.467 ms
```

Assim como a maioria dos comandos de rede, a opção `-n` determina que sejam exibidos apenas os números IP, sem o nomes de domínio. O exemplo mostra todas as máquinas por onde passou o pacote até que chegasse ao destino, o IP 189.14.98.138. Nesse caso, não houve nenhuma falha no percurso e o teste foi bem sucedido.

109.4 Configurar DNS cliente

Peso 2

O serviço responsável por traduzir nomes – como *www.linuxmagazine.com.br* – para números IP – como 189.14.98.138 – e vice-versa chama-se DNS (*Domain Name Service*, ou Serviço de Nomes de Domínio). A configuração incorreta do DNS resulta numa rede praticamente inoperante, pois imensa maioria das máquinas remotas são acessadas por nome e não diretamente pelo seu número IP.

Configurações

A resolução de nomes pode apresentar problemas em várias esferas. Em caso de mal funcionamento, um dos primeiros arquivos a ser verificado é o `/etc/nsswitch.conf`. Nele, a entrada `hosts` determina qual será a ordem na qual a tradução de nomes ocorrerá.

```
hosts:  files dns
```

Via de regra, é primeiro consultado o arquivo /etc/hosts (especificado pelo termo *files*). Em seguida, caso o nome consultado não seja encontrado no arquivo, será consultado um servidor DNS especificado no arquivo /etc/resolv.conf (especificado pelo termo *dns*).

O arquivo /etc/hosts é bastante simples. Nele os números IP são posicionados ao lado dos respectivos nomes:

```
$ cat /etc/hosts
127.0.0.1             localhost lcnsqr
189.14.98.138   themisto
201.6.144.122   office
192.168.64.199  note
```

Mais de um nome pode ser atribuído a um mesmo IP, atuando como um alias para o mesmo IP.

No arquivo /etc/resolv.conf são indicados principalmente os números IP dos servidores DNS, ou seja, os computadores que fazem a tradução de um nome para um número IP. A entrada fundamental no /etc/resolv.conf é nameserver, que define o servidor DNS. Outras entradas nameserver podem estar indicadas, para o caso do primeiro servidor DNS estar fora do ar ou muito ocupado:

```
$ cat /etc/resolv.conf
search lnm.com.br
nameserver 208.67.222.222
nameserver 208.67.220.220
```

Outra entrada do arquivo /etc/resolv.conf é a entrada search. Ela define um domínio padrão de busca. Assim, quando for consultado um nome sem domínio, automaticamente será incluído o domínio definido na entrada *search*. Esse recurso é especialmente útil para o domínio da rede local, eliminando a necessidade de especificar o nome de domínio completo de uma máquina toda vez que seu nome for consultado manualmente.

Exercícios

Questões Tópico 109

1. A rede 192.168.1.0/25 permitirá quantos endereços IP válidos para as estações?

a. 25
b. 253
c. 128
d. 126

2. Qual é o protocolo utilizado pelo comando ping para verificar a disponibilidade da rede?

a. ICMP
b. TCP
c. UDP
d. ECHO_REPLY

3. A porta de rede 443 corresponde a qual serviço IP?

a. IMAP
b. SMTP
c. HTTP
d. HTTPS

4. Qual o arquivo que define os servidores DNS que serão consultados pelo sistema local?

a. /etc/hosts
b. /etc/resolv.conf
c. /etc/nsswitch.conf
d. /etc/dns.conf

5. Qual comando pode ser utilizado para exibir as interfaces de rede ativas na máquina? Marque todas as alternativas corretas.

a. *ifconfig*
b. *netconfig*
c. *interfaces*
d. *netstat*

6. Utilizando o route, qual é o comando completo para definir o IP 192.168.1.250 como rota padrão?

7. O trecho de saída:

```
;; QUESTION SECTION:
;lnm.com.br.                    IN      A

;; ANSWER SECTION:
lnm.com.br.             3596    IN      A       189.14.98.138
```

corresponde à execução de qual comando? Dê somente o nome do comando, sem argumentos.

8. Qual comando tem a finalidade de identificar todos os computadores por onde trafegou um pacote de dados?

a. *ping*
b. *nmap*
c. *traceroute*
d. *route*

9. Entre outras finalidades, o arquivo /etc/nsswitch.conf destina-se a

a. definir a ordem de consulta para conversão de nomes para IPs.
b. determinar qual será a rota padrão.
c. armazenar os servidores de consulta DNS.
d. definir o endereço IP da rede.

10. No arquivo /etc/resolv.conf, a entrada correta para definir o servidor DNS 208.67.222.222 é:

a. route 208.67.220.220
b. nameserver 208.67.220.220
c. ip 208.67.220.220
d. dnsserver 208.67.220.220

Peso total do tópico na prova: 9

Tópico 110:

Segurança

Principais temas abordados:

- Localizar brechas de segurança no sistema;
- Limitar os recursos disponíveis ao usuário;
- Criptografia de dados.

110.1 Tarefas administrativas de segurança

Peso 3

A segurança do sistema depende de várias tarefas periódicas de verificação. Além de proteger o sistema contra atitudes mal intencionadas, é importante evitar que mesmo eventos não intencionais prejudiquem o funcionamento do sistema.

Verificações de permissão

Comandos com permissão SUID e SGID garantem privilégios especiais a quem os executa. Um comando alterado que contenha essa permissão especial poderá dar acesso de root a um usuário comum. Portanto, é importante monitorar quais arquivos detêm essas permissões, para evitar invasões ou danos ao sistema.

O comando `find` pode ser utilizado para a finalidade de encontrar arquivos SUID e SGID:

```
# find / -perm -4000 -or -perm -2000
/bin/su
/bin/ping
/bin/mount
/bin/ping6
/bin/umount
(...)
```

As opções `-perm -4000` e `-perm -2000` identificam apenas os arquivos com as permissões SGID e SUID. Vários comandos devem possuir essas permissões especiais, mas a maioria dos comandos não deve. Para facilitar a checagem, é útil gerar uma lista detalhada com o mesmo comando. Essa lista pode ser salva diariamente (provavelmente por um agendamento no crontab) por meio do comando:

```
# find / \( -perm -4000 -or -perm -2000 \) -exec ls -l '{}' \; > /var/log/
↳setuid-$(date +%F)
```

Esse comando gerará um arquivo de nome *setuid-ano-mês-dia*, que poderá ser comparado ao arquivo do dia anterior por meio do comando `diff`:

```
# diff /var/log/setuid-2006-05-02 /var/log/setuid-2006-05-03
2c2
< -rws--x--x  1 root bin 29364 2005-09-07 17:46 /bin/ping
```

```
---
> -rws--x--x  1 root bin 29974 2005-09-07 17:46 /bin/ping
```

Essa saída mostra que o arquivo `/bin/ping` mudou de tamanho em relação ao registro anterior. Supõe-se que tenha sido substituído por um programa malicioso, devendo ser excluído e reinstalado adequadamente. É importante rastrear os logs do sistema atrás de possíveis origens dessa alteração.

Outras buscas por brechas no sistema podem ser realizadas pelos seguintes comandos:

```
# find / -path /dev -prune -perm -2 -not -type l
```

Esse comando procura arquivos com permissão de escrita para todos os usuários, com exceção do diretório `/dev`. Arquivos de configuração do sistema poderiam ser alterados com o intuito de viabilizar invasões ou danos ao sistema.

Para procurar arquivos sem dono ou sem grupo, que sugerem que o sistema tenha sido invadido, o comando apropriado seria:

```
# find / \( -nouser -o -nogroup \)
```

Após a identificação, esses arquivos – salvo raras exceções – devem ser excluídos.

Inspeção de usuários

O usuário root pode interferir em processos de outros usuários e modificar seus arquivos. O root pode até checar quem está usando o sistema com o comando who. Com o comando w o usuário root pode verificar quem está utilizando o sistema e sua atividade no momento atual.

O comando lastlog exibe quando foi a última vez que cada usuário entrou no sistema:

```
# lastlog
Username         Port     From             Latest
root              pts/0    177.81.35.198    Tue Jan 7 17:09:50 +0000 2014
daemon                                     **Never logged in**
bin                                        **Never logged in**
sys                                        **Never logged in**
sync                                       **Never logged in**
games                                      **Never logged in**
man                                        **Never logged in**
lp                                         **Never logged in**
mail                                       **Never logged in**
news                                       **Never logged in**
uucp                                       **Never logged in**
proxy                                      **Never logged in**
www-data                                   **Never logged in**
```

```
irc                                                          **Never logged in**
gnats                                                        **Never logged in**
nobody                                                       **Never logged in**
libuuid                                                      **Never logged in**
Debian-exim                                                  **Never logged in**
messagebus                                                   **Never logged in**
avahi                                                        **Never logged in**
sshd                                                         **Never logged in**
luciano              pts/0    189.100.34.204     Sat Jul 12 15:39:26 +0000 2014
mysql                                                        **Never logged in**
postfix                                                      **Never logged in**
dovecot                                                      **Never logged in**
dovenull                                                     **Never logged in**
```

Nota-se que apenas os usuário root e luciano ingressaram nesse sistema. Este é o resultado esperado, pois todos os outros usuários nesse sistema são usuários de sistema e não se comportam como um usuário convencional. Caso um destes ingressou no sistema, significa que houve uma invasão e o sistema pode ter sido comprometido.

O comando last possui finalidade semelhante, mas exibindo os últimos ingressos de usuários no sistema. Para verificar os últimos ingressos de um usuário específico, basta fornecer seu nome de usuário como argumento:

```
$ last lcnsqr
lcnsqr    pts/0      189.100.34.204    Sat Jul 12 13:07    still logged in
lcnsqr    pts/0      189.100.34.204    Fri Jul 11 18:39 - 00:23 (05:43)
lcnsqr    pts/0      189.100.34.204    Fri Jul 11 17:43 - 17:57 (00:14)
wtmp begins Tue Jul 1 01:58:58 2014
```

O comando last reboot mostra quando o sistema foi ligado pela última vez, ou seja, desde quando está ligado. O usuário root pode verificar também se houveram tentativas mal sucedidas de ingresso no sistema com o comando lastb.

Senhas de usuários

Senhas muito antigas podem ser uma brecha de segurança à medida que usuários costumam compartilhar suas senhas. Além disso, senhas muito simples costumam ser a maior porta de entrada para invasões.

As definições sobre a vida útil de senhas e aspectos relacionados são armazenadas no arquivo `/etc/shadow` (quando usado o sistema de senhas *shadow*, padrão na maioria dos casos). Cada linha corresponde a uma conta de usuário, em campos separados por ":", representando:

1. Nome de acesso;
2. Senha criptografada;
3. Dias decorridos entre 1º de janeiro de 1970 e a última alteração da senha;
4. Número de dias até que a senha deva ser alterada;
5. Número de dias após os quais a senha deve ser alterada;
6. Número de dias para advertir o usuário sobre a senha expirar;
7. Número de dias, depois de a senha expirar, até que a conta seja bloqueada para uso;

8. Dias decorridos entre 1 de janeiro de 1970 e a data em que a conta foi bloqueada;
9. Campo reservado.

Além de alterar senhas, o comando passwd também pode alterar essas definições, utilizando uma ou mais das opções:

- **-x dias**: número máximo de dias que a senha permanecerá válida;
- **-n dias**: mínimo de dias até que o usuário possa trocar uma senha modificada anteriormente;
- **-w dias**: dias anteriores ao fim da validade da senha em que será emitido um aviso a respeito;
- **-i dias**: inatividade ou tolerância de dias após a senha ter expirado até que a conta seja bloqueada.

Por exemplo, para alterar as validades de senha para a conta *ataliba*:

```
# passwd -x 30 -n 1 -w 7 -i 7 ataliba
```

Outra opção importante do passwd com finalidade semelhante é a -e, que provoca a expiração imediata da senha, e a -d, que apaga a senha para a conta especificada.

Quando a opção -g é usada, a senha do grupo especificado é alterada. Seguido de -r, remove a senha e de -R restringe o acesso a todos usuários. Essa tarefa só pode ser realizada pelo usuário root ou pelo administrador do grupo.

Uma conta pode ser bloqueada passwd -l e liberada com passwd -u. O estado atual da conta pode ser verificado com passwd -S:

```
# passwd -S ataliba
ataliba P 05/03/2006 1 30 7 7
```

Essa saída representa:

- **ataliba**: login referente à conta;
- **P**: um P significa que o usuário possui uma senha utilizável; **NP** significa que ele não possui qualquer senha; **L** representa uma conta bloqueada;
- **05/03/2006**: data da última mudança de senha;
- **1**: limite mínimo de dias da senha;
- **30**: limite máximo de dias da senha;
- 7: dias de aviso;
- l7: limite de dias de inatividade, após a senha ter expirado, até que a conta seja bloqueada.

Os atributos da senha e validade de conta também podem ser alterados com um comando específico, chamado `chage`. Seus principais argumentos são:

- `-m`: mínimo de dias até que o usuário possa trocar uma senha modificada;
- `-M`: número máximo de dias em que a senha permanecerá válida;
- `-d`: número de dias decorridos, em relação a 01/01/1970, em que a senha foi mudada. Também pode ser expresso no formato de data local (dia/mês/ano);
- `-E`: número de dias decorridos, em relação a 01/01/1970, a partir dos quais a conta não estará mais disponível. Também pode ser expresso no formato de data local (dia/mês/ano);
- `-I`: tolerância de dias após a senha ter expirado até que a conta seja bloqueada;
- `-W`: dias anteriores ao fim da validade da senha nos quais será emitido um aviso a respeito da data de expiração.

Por exemplo, para determinar a data de bloqueio de uma conta, o comando adequado é:

```
# chage -E 04/05/2006 ataliba
```

O uso do `chage` é restrito ao usuário root. Porém, usuários comuns podem usar o `chage` com a opção `-l` para verificar as definições de suas respectivas contas:

```
$ chage -l ataliba
Maximum:          30
Minimum:          1
Warning:          7
Inactive:         1
Last Change:          Mai 03, 2006
Password Expires:     Jun 02, 2006
Password Inactive:    Jun 03, 2006
Account Expires:      Abr 05, 2006
```

Tanto o comando `passwd` quanto o comando chage entram em modo de configuração interativa se não forem passadas as opções. O usuário assumido será sempre o atual, caso um usuário não seja especificado como argumento.

O comando `usermod` agrega muitas dessas funções de alteração de conta de usuário. Suas principais opções são:

- `-c descrição`: descrição do usuário;
- `-d diretório`: altera diretório do usuário. Com o argumento **-m**, move o conteúdo do diretório atual para o novo;
- `-e valor`: prazo de validade da conta, especificado no formato *dd/mm/aaaa*;
- `-f valor`: número de dias, após a senha ter expirado, até que a conta seja bloqueada. Um valor *-1* cancela essa função;
- `-g grupo`: grupo efetivo do usuário;
- `-G grupo1, grupo2`: grupos adicionais para o usuário;
- `-l nome`: nome de login do usuário;
- `-p senha`: senha;
- `-u UID`: número de identificação (UID) do usuário;
- `-s shell`: shell padrão do usuário;
- `-L`: bloqueia a conta do usuário, colocando um sinal **!** na frente da senha criptografada. Uma alternativa é substituir o shell padrão do usuário por um script ou programa que informe as razões do bloqueio;
- `-U`: desbloqueia a conta do usuário, retirando o sinal **!** da frente da senha criptografada.

Apesar de a maioria dessas configurações poder ser alterada diretamente nos arquivos `/etc/passwd` e `/etc/shadow`, é recomendada a utilização dos comandos apropriados para evitar configurações incorretas ou corrupção dos arquivos.

Acesso como root

Para um usuário comum entrar na conta de root, é usado o comando `su`. Será necessário informar a senha do usuário root para efetuar o login.

Usando apenas `su` sem argumentos, a nova sessão herdará as configurações de ambiente da sessão anterior, como variáveis de ambiente e de sessão. Se usado na forma `su -l` ou `su -`, uma sessão totalmente distinta será criada, como a sessão criada a partir de um login tradicional.

Para que um usuário possa realizar tarefas de root, porém sem que tenha conhecimento da senha da conta root, existe o comando `sudo`. O comando sudo permite a um usuário ou a um grupo de usuários realizar tarefas antes reservadas somente ao usuário root. Via de regra, esse privilégio é cedido somente aos usuários que pertencem a um grupo administrativo, como o grupo *admin* ou o grupo *sudo*. Por exemplo, um usuário de grupo administrativo pode manipular a tabela de partições do disco `/dev/sda` invocando o fdisk com o `sudo`:

```
$ sudo fdisk /dev/sda
```

Normalmente é solicitada a senha do próprio usuário para executar a ação solicitada. As permissões de uso do sudo são determinadas no arquivo `/etc/sudoers`. É neste arquivo que os usuários ou grupos de usuários com permissão de utilizar o comando sudo são especificados.

Limitação de recursos

Usuários comuns podem provocar lentidão e até panes no sistema se utilizarem exageradamente os recursos da máquina. Semelhante ao controle de espaço em disco exercido com o uso de cotas, o uso da memória, a criação de arquivos e o número de processos também podem ser limitados. Para esse fim é utilizado o comando `ulimit`.

O `ulimit` é um comando que age no âmbito de uma sessão do Bash. Logo, os limites são válidos para a sessão do shell atual, assim como para sessões e processos disparados a partir dela. Geralmente, os limites são estabelecidos nos arquivos de configuração de sessão.

Para cada recurso, pode ser determinado um limite *soft* e um limite *hard*, especificados pelas opções `-S` e `-H`, respectivamente. O limite hard representa o valor máximo e o limite soft representa o valor de alerta, até que o limite hard seja alcançado. Se não forem especificados `-S` ou `-H`, o mesmo limite indicado será definido para ambos os fatores. Opções mais comuns de ulimit são:

- `-a`: mostra os limites atuais;
- `-f`: especifica o número máximo de arquivos que poderão ser na sessão do shell;
- `-u`: o número máximo de processos disponíveis ao usuário;
- `-v`: o montante máximo de memória virtual disponível ao shell.

Portanto, para estabelecer em 100 o limite máximo de processos:

```
# ulimit -Su 100
```

Para permitir que o usuário acresça esse limite até o máximo de 200:

```
# ulimit -Hu 200
```

Se nenhuma opção for fornecida, o recurso alterado por padrão será `-f` (limite de arquivos criados). Sem um valor de limite, o ulimit exibirá o limite soft atual para a opção fornecida.

Verificando portas abertas no sistema

O programa nmap é utilizado para rastrear portas de serviços ativas. Seu uso mais simples é sem nenhum argumento, especificando apenas um nome ou endereço de máquina a ser rastreada:

```
# nmap localhost
Starting nmap 3.93 ( http://www.insecure.org/nmap/ ) at 2006-05-08 01:39 BRT
Interesting ports on localhost (127.0.0.1):
(The 1666 ports scanned but not shown below are in state: closed)
PORT     STATE SERVICE
631/tcp open ipp
6000/tcp open X11
```

A saída mostra que as portas 631/tcp (Serviço de impressão do CUPS) e 6000/tcp (servidor de janelas X) estão abertas a conexões. Portanto, é fundamental estabelecer restrições ao seu uso, por meio da configuração de `tcpwrapper` ou da configuração do próprio serviço.

O nmap possui muitas opções de rastreamento. É possível, por exemplo, fazer um rastreamento para tentar descobrir as portas passíveis de conexão e qual é o sistema operacional do alvo:

```
# nmap -O 192.168.1.250

Starting Nmap 4.76 ( http://nmap.org ) at 2009-05-18 17:32 BRT
Interesting ports on europa.intra.linuxnewmedia.com.br (192.168.1.250):
Not shown: 990 closed ports
PORT     STATE SERVICE
22/tcp   open  ssh
53/tcp   open  domain
80/tcp   open  http
111/tcp  open  rpcbind
139/tcp  open  netbios-ssn
389/tcp  open  ldap
445/tcp  open  microsoft-ds
548/tcp  open  afp
631/tcp  open  ipp
2049/tcp open  nfs
MAC Address: AC:DE:48:00:00:01 (Private)
```

```
Device type: general purpose
Running: Linux 2.6.X
OS details: Linux 2.6.9 - 2.6.26
Network Distance: 1 hop
```

Para identificar quais portas estão abertas no sistema local, também pode ser usado o comando `netstat`:

```
# netstat -tnl
Conexões Internet Ativas (sem os servidores)
Proto Recv-Q Send-Q Endereço Local          Endereço Remoto         Estado
tcp        0      0 0.0.0.0:53              0.0.0.0:*               OUÇA
tcp        0      0 0.0.0.0:22              0.0.0.0:*               OUÇA
tcp        0      0 127.0.0.1:631           0.0.0.0:*               OUÇA
tcp6       0      0 :::139                  :::*                    OUÇA
tcp6       0      0 :::53                   :::*                    OUÇA
tcp6       0      0 :::22                   :::*                    OUÇA
tcp6       0      0 :::445                  :::*                    OUÇA
```

A principal opção no exemplo foi `-l`, que determina a exibição das portas esperando por conexões no sistema local. No exemplo, é possível observar algumas portas importantes que estão abertas, como o serviço DNS (porta 53) e SSH (porta 22).

Para identificar quais programas e usuário estão utilizando determinada porta de serviço, é indicado o comando `lsof`:

```
# lsof -i :22 -n
COMMAND   PID USER   FD   TYPE  DEVICE SIZE NODE NAME
ssh      8871 root    3u  IPv4 4351024       TCP 192.168.1.109:57914-
↳>189.14.98.138:ssh (ESTABLISHED)
sshd    20712 root    3u  IPv4 4174130       TCP *:ssh (LISTEN)
sshd    20712 root    4u  IPv6 4174132       TCP *:ssh (LISTEN)
ssh     26047 root    3u  IPv4 4263929       TCP 192.168.1.109:46835-
↳>192.168.1.250:ssh (ESTABLISHED)
```

A opção `-i` indica tratar-se de uma inspeção de rede, cuja sintaxe é `lsof -i @máquina:porta`. Se o nome ou o IP da máquina for omitido, é assumida ser a máquina local. O exemplo mostra quais programas e usuários estão utilizando a porta 22 (SSH), seja como porta de entrada ou saída. Outras informações úteis também são exibidas, como PID do processo e as máquinas envolvidas. De posse dessas informações, um processo suspeito pode eventualmente ser finalizado.

Outro comando utilizado para identificar qual processo (ou processos) está utilizando determinado arquivo ou conexão de rede é o comando fuser. Para identificar qual processo está ocupando a porta TCP 25 (SMTP), o fuser é utilizado na forma:

```
# fuser -u smtp/tcp
smtp/tcp: 20223(root)
```

A opção -u provoca a exibição do nome do usuário dono do processo ao lado do PID do processo. O mesmo procedimento pode ser utilizado para arquivos e diretórios:

```
# fuser -u /dev/sr0
/dev/sr0: 5683(luciano)
```

O processo cujo PID é 5683 está utilizando o arquivo /dev/sr0 (neste caso, o leitor de CD/DVD). Mais detalhes sobre o processo podem ser obtidos com o comando ps:

```
# ps -f --pid 5683
UID       PID  PPID C  STIME  TTY          TIME CMD
luciano  5683     1 26  17:47  ?       00:01:35 /usr/bin/vlc --started-from-file
```

Arquivos em uso são a causa na maioria das vezes em que o sistema impede a desmontagem de um sistema de arquivos. Nestes casos, o comando fuser pode ser utilizado para forçar o encerramento do programa, caso necessário. Por exemplo, o comando fuser -k /dev/sr0 enviará o sinal SIGKILL para todos os processos utilizando o arquivo /dev/sr0.

110.2 Segurança do host

Peso 3

Mesmo que o computador local não seja utilizado como servidor, diversas portas de serviço podem estar abertas sem necessidade, o que pode ser uma grande brecha de segurança. Algumas práticas podem evitar que uma máquina esteja demasiado exposta sem necessidade.

Senhas shadow

Antes mesmo de verificar brechas que podem resultar numa invasão é fundamental se certificar de que nenhuma senha está exposta dentro do sistema local.

O uso do sistema de senhas *shadow* proporciona maior segurança, visto que o arquivo em que as senhas são armazenadas – `/etc/shadow` – não oferece leitura para usuários comuns (`-rw-r-----`) e estão sob forte criptografia.

O uso de senhas shadow é verificado pela letra *x* no campo de senha do usuário em /etc/passwd. Caso o sistema não use senhas shadow, é necessário instalar o pacote *shadow password suite* – já presente na grande maioria das distribuições – e executar o comando **pwconv** para converter as senhas antigas para o novo formato.

Desativando serviços de rede

Serviços de rede que não estão sendo utilizados representam um risco adicional de invasões que pode ser evitado. Uma das maneiras de desativar servidores desnecessários é simplesmente tirar a permissão de execução do script que os inicia. Antes de fazê-lo, o serviço deve ser terminado e depois executado o comando chmod -x script.

Para serviços disparados pelo servidor *inetd*, basta comentar (acrescentar o caractere #) a linha referente ao serviço em /etc/inetd.conf.

Por exemplo, para desativar o servidor *telnet* em /etc/inetd.conf:

```
# telnet stream  tcp    nowait  root   /usr/sbin/tcpd  in.telnetd
```

De forma semelhante, os serviços controlados pelo servidor *xinetd* podem ser desativados no arquivo de configuração /etc/xinetd.conf, com a opção disable correspondente ao serviço.

inetd e xinetd

Os programas servidores inetd e xinetd agem como intermediários para outros serviços. Para que alguns serviços pouco utilizados não fiquem o tempo todo ativos aguardando uma conexão, apenas o inetd ou o xinetd ficam aguardando nas respectivas portas e disparam o serviço sob demanda. Os arquivos de configuração de ambos inetd e xinetd são /etc/inetd.conf e /etc/xinetd.conf, mas podem estar fragmentados em /etc/inetd.d/* e /etc/xinetd.d/*, respectivamente.

Para desativar o servidor FTP em /etc/xinetd.conf, a entrada correspondente no arquivo seria:

```
ftp {
    disable = yes
    socket_type = stream
    protocol = tcp
    wait = no
    user = root
    server = /usr/sbin/vsftpd
}
```

Via de regra, os serviços em execução são interrompidos por meio do próprio script que os inicia, usando como argumento o termo *stop*. Por exemplo, `/etc/init.d/samba stop`.

Para simplesmente impedir que um usuário comum seja capaz de fazer login na máquina, pode ser usado o bloqueio imposto pelo arquivo `/etc/nologin`. Se o arquivo `/etc/nologin` existir, apenas o usuário root poderá entrar no sistema. Os demais usuários serão bloqueados e será exibido o conteúdo de `/etc/nologin`.

TCP wrappers

A maior parte dos programas servidores possui suporte à biblioteca *libwrap* e podem utilizar o mecanismo chamado *TCP wrappers* para controlar o acesso aos serviços disponíveis localmente. Esse controle é estabelecido através de regras criadas nos arquivos `/etc/hosts.allow` e `/etc/hosts.deny`.

O arquivo `/etc/hosts.allow` contém as regras para os endereços remotos que poderão acessar a máquina local. Se um endereço corresponder a uma regra em `/etc/hosts.allow`, o acesso será liberado e o arquivo `/etc/hosts.deny` não será consultado.

O arquivo `/etc/hosts.deny` contém as regras para os endereços remotos que não poderão acessar a máquina local. Se um endereço não constar em `/etc/hosts.allow` nem em `/etc/hosts.deny`, ele será liberado.

Cada regra é escrita em uma linha, com o mesmo formato – `serviço:host:comando` – para `/etc/hosts.allow` e `/etc/hosts.deny`, em que:

- **serviço** é um ou mais nomes de daemons de serviço, ou instruções especiais;
- **host** é um ou mais endereços, ou instruções especiais;
- **comando** é um comando opcional a ser executado no caso de cumprimento da regra.

O campo *host* pode ser um domínio, IP de rede ou IP incompleto. Caracteres curinga como *?* e *** também podem ser utilizados.

No campo serviço e host também podem ser utilizadas as instruções especiais **ALL**, **LOCAL**, **KNOW**, **UNKNOWN** e **PARANOID**. O operador **EXCEPT** exclui um endereço ou grupo de endereços de determinada condição.

Por exemplo, uma regra do arquivo `/etc/hosts.allow` para liberar todos os serviços a todos os endereços da rede *192.168.1.0*, com exceção do *192.168.1.20*:

```
ALL: 192.168.1.* EXCEPT 192.168.1.20
```

Complementarmente, regra de `/etc/hosts.deny` para bloquear todos os serviços a todo endereço que não constar em regra do arquivo `/etc/hosts.allow`:

```
ALL: ALL
```

A documentação completa para a criação de regras pode ser encontrada na página manual *hosts_access(5)*.

110.3 Proteção de dados com criptografia

Peso 3

A preservação da segurança só está completa quando são utilizadas ferramentas de criptografia, seja para proteger o conteúdo de dados, seja para garantir a autenticidade destes. Sobretudo em ambientes em rede, o uso de fortes sistemas de criptografia é fundamental.

OpenSSH

Tratando-se de acesso remoto, a ferramenta essencial é o pacote OpenSSH. O OpenSSH é o substituto para ferramentas de acesso remoto ultrapassadas, como *telnet, rlogin, rsh* e *rcp*.

O programa cliente do pacote ssh é o comando `ssh`. As configurações globais para o cliente são feitas no arquivo `/etc/ssh/ssh_config`. A utilização do ssh é muito simples, bastando fornecer o nome de usuário e o endereço de destino:

```
$ ssh luciano@192.168.1.1
```

Esse comando abrirá uma sessão do shell com o computador de endereço *192.168.1.1*, através de uma conexão segura. Será usado o usuário *luciano* e todas as configurações de sessão correspondentes a tal usuário. Tanto a senha do usuário quanto os dados transmitidos estarão protegidos por forte criptografia. Mesmo que eventualmente sejam interceptados, é praticamente impossível que sejam decodificados.

Chaves criptográficas

As chaves criptográficas para o computador são geradas automaticamente pelo servidor SSH. Os arquivos para armazenar a chave privada e a chave pública variam de acordo com o tipo de criptografia utilizado, como mostrado na tabela **Chaves do computador**.

Na primeira vez que o cliente ssh conecta-se a um computador remoto, o usuário é questionado sobre aceitar a chave pública do computador remoto. Se for aceita, ela será armazenada em `~/.ssh/know_hosts` e garantirá a confiabilidade da conexão entre os dois computadores. O conteúdo desse arquivo pode ser incluído no arquivo `/etc/ssh_know_hosts` para que a chave passe a valer para todos os usuários. Ainda assim, será necessário que o usuário forneça sua senha ao conectar-se no destino.

Dessa forma, se outro computador assumir o nome ou o IP da máquina remota, o cliente SSH informará o usuário que a identificação do servidor mudou e não estabelecerá a conexão. Nesse caso, só será possível fazer o login via SSH se o usuário apagar a chave pública original do servidor armazenada anteriormente no arquivo `~/.ssh/know_hosts`.

Autenticação por chave

Além das chaves do próprio computador, cada usuário pode possuir sua chave pública e privada, utilizada para garantir sua autenticidade.

Chaves do computador

Formato	Chave privada	Chave pública
RSA	/etc/ssh/ssh_host_rsa_key	/etc/ssh/ssh_host_rsa_key.pub
DSA	/etc/ssh/ssh_host_dsa_key	/etc/ssh/ssh_host_dsa_key.pub

Dessa forma, é possível fazer com que o acesso via SSH seja feito automaticamente, sem necessidade de fornecer a senha em todo login. Isso é especialmente útil quando um computador remoto é acessado frequentemente. Antes de conseguir fazer o login sem senha, é necessário que o usuário crie a chave pública e a chave primária.

A chave pública do usuário deverá ser incluída no arquivo `authorized_keys`, criado no computador de destino. Esse arquivo pode conter uma ou mais chaves que foram criadas em máquinas utilizadas como origem de acesso. As chaves são criadas com o comando `ssh-keygen`.

As chaves criptográficas podem utilizar diferentes tipos de formatos, sendo os mais populares o *DSA* e o *RSA*. Para gerar uma chave DSA de 1024 bits, utiliza-se:

```
$ ssh-keygen -t dsa -b 1024
```

Chaves RSA suportam um tamanho em bits maior, como 4096:

```
$ ssh-keygen -t rsa -b 4096
```

Um tamanho maior em bits torna ainda mais difícil a quebra da criptografia.

As chaves podem ser criadas com ou sem senha, as chamadas *passphrases*. Chaves protegidas com senhas são mais seguras, pois toda vez que forem utilizadas será necessário informar a senha respectiva da chave.

O comando ssh-keygen criará as chaves no diretório ~/.ssh/ na máquina de origem para o usuário atual. A tabela **Chaves do usuário** mostra quais são os arquivos de chave do usuário.

Chaves do usuário

Formato	Chave privada	Chave pública
RSA	~/.ssh/id_rsa	~/.ssh/id_rsa.pub
DSA	~/.ssh/id_dsa	~/.ssh/id_dsa.pub

O conteúdo da chave pública poderá então ser incluído em ~/.ssh/authorized_keys para o usuário específico no computador de destino. Supondo que o computador de destino tenha IP 192.168.1.1 e uma conta para o usuário *luciano*, a chave pública do formato DSA pode ser copiada com o comando:

```
$ cat ~/.ssh/id_dsa.pub | ssh luciano@192.168.1.1 "cat >> ~/.ssh/authorized_keys"
```

O conteúdo do arquivo ~/.ssh/id_dsa.pub será direcionado para o comando ssh. O ssh redirecionará o conteúdo para o comando cat na máquina remota, que por sua vez incluirá o conteúdo no arquivo ~/.ssh/authorized_keys da conta na máquina remota. Enviar a chave por uma conexão segura é fundamental para que não seja interceptada.

Por questão de segurança, é importante que todos os arquivos contendo chaves em /etc/ssh/ e ~/.ssh/ tenham permissão 600 – escrita e leitura só para o dono do arquivo.

Se foi informada uma *passphrase* durante a criação da chave, será perdida toda a conveniência de realizar o login sem senha, pois será necessário informar a senha da chave toda vez que esta for utilizada. Contudo, é possível evitar a digitação da passphrase a todo momento se for utilizado o comando ssh-agent.

O ssh-agent atua como uma espécie de chaveiro. Ele armazena a autorização e libera o usuário da necessidade de digitar a passphrase novamente durante a mesma sessão. Para utilizá-lo, basta executar o comando ssh-agent:

```
$ ssh-agent
SSH_AUTH_SOCK=/tmp/ssh-GnbmW14709/agent.14709; export SSH_AUTH_SOCK;
SSH_AGENT_PID=14710; export SSH_AGENT_PID;
echo Agent pid 14710;
```

O ssh-agent irá para segundo plano e exibirá as variáveis de ambiente que necessitam ser declaradas. Somente se essas variáveis estiverem acessíveis na sessão é que a autorização automática do `ssh-agent` poderá ser utilizada. Essas variáveis serão usadas pelos outros programas para fazer a autenticação via `ssh-agent`.

Com o `ssh-agent` ativo e as variáveis de ambiente declaradas, é utilizado o comando `ssh-add` para incluir a chave do usuário no `ssh-agent`:

```
$ ssh-add
Enter passphrase for /home/luciano/.ssh/id_rsa:
Identity added: /home/luciano/.ssh/id_rsa (/home/luciano/.ssh/id_rsa)
```

A passphrase será solicitada apenas uma vez, quando a chave do usuário for incluída no ssh-agent. Feito isso, não será necessário informar a passphrase nas sessões em que as variáveis exportadas estiverem acessíveis.

Túneis criptografados

Além de abrir sessões remotas do shell, o SSH pode ser utilizado como veículo para outras conexões. Essa técnica é conhecida como túnel de porta ou simplesmente túnel SSH.

Após criar um túnel criptografado, outro programa poderá comunicar-se com a máquina remota em questão através desse túnel, de maneira que todos os dados estarão protegidos ao longo da conexão. Esse recurso é especialmente útil para programas que não possuem a funcionalidade de criptografia de dados.

É o caso dos clientes e servidores VNC mais simples. Por padrão, o VNC utiliza a porta 5900 e envia os dados sem criptografia. Uma maneira de contornar esse inconveniente é criar um túnel SSH entre a porta 5900 do computador local até a porta 5900 do computador remoto. Dessa forma, bastará apontar o cliente VNC para a porta 5900 do computador local e a conexão será automaticamente direcionada através do túnel seguro para a porta 5900 do computador remoto.

Para criar o túnel seguro, é utilizado o próprio comando `ssh` com a opção `-L porta local:localhost:porta remota`, em que *porta local* especifica qual porta na máquina local será a entrada do túnel, *localhost* nesse caso diz respeito à máquina de destino e *porta remota* é a porta de saída do túnel. Por exemplo, para criar um túnel para `luciano@192.168.1.1`:

```
$ ssh -fNL 5900:localhost:5900 luciano@192.168.1.1
```

A opção **-f** indica que o comando deve ser executado em segundo plano. A opção **-N** determina que não deve ser aberta uma sessão do shell na máquina remota. Depois de criado o túnel, bastará apontar o cliente VNC para a máquina local:

```
$ vncviewer localhost:0
```

A indicação `:0` determina que o `vncviewer` utilize sua primeira porta padrão, ou seja, a porta 5900. Toda a transmissão enviada e recebida para a máquina remota acontecerá através do túnel criptografado.

X remoto via SSH

Técnica semelhante aos túneis SSH é abrir a janela de uma aplicação remota por meio de uma conexão SSH, usando a opção `-X`. Por exemplo, para exibir localmente o programa *VirtualBox* presente na máquina remota:

```
$ ssh -X luciano@192.168.1.1
```

E para executar o programa desejado na máquina remota:

```
$ VirtualBox
```

O processo pode ser simplificado em um só comando:

```
$ ssh -X luciano@192.168.1.1 "VirtualBox"
```

O comando passado como argumento final para o `ssh` será executado na máquina remota – opcionalmente o comando ssh também pode enviar os dados recebidos pela sua entrada padrão para a entrada padrão do comando remoto. Nesse caso, será exibida na máquina local a tela do programa VirtualBox em execução na máquina remota.

Assinatura GnuPG

O pacote GnuPG é o mais popular e complementa a implementação de código aberto do padrão *OpenPGP*. Com o GnuPG é possível assinar e codificar arquivos ou mensagens para garantir a autenticidade e segurança dos mesmos. Isso é feito baseado no conceito de chave pública e secreta, onde a chave secreta é de conhecimento apenas de seu proprietário e a respectiva chave pública pode ser utilizada pelas demais pessoas para garantir a autenticidade deste proprietário.

O comando gpg agrega todas as funções do GnuPG. Ele é usado para gerar as chaves, exportá-las, importá-las, assinar e codificar dados.

Criação das chaves

O primeiro passo para a utilização do GnuPG é a criação do par chave secreta e chave pública, realizada com a opção --gen-key:

```
$ gpg --gen-key
gpg (GnuPG) 1.4.9; Copyright (C) 2008 Free Software Foundation, Inc.
This is free software: you are free to change and redistribute it.
There is NO WARRANTY, to the extent permitted by law.
Por favor selecione o tipo de chave desejado:
   (1) DSA e Elgamal (padrão)
   (2) DSA (apenas assinatura)
   (5) RSA (apenas assinar)
Sua opção?
```

Recomenda-se a utilização da chave padrão *DSA e Elgamal*, pois é mais versátil que as outras opções. Em seguida, é escolhido o tamanho da chave:

```
par de chaves DSA vai ter 1024 bits.
↪
ELG-E chaves podem ter o seu comprimento entre 1024 e 4096 bits.
Que tamanho de chave você quer? (2048)
```

O tamanho sugerido é adequado, mas chaves maiores tornam praticamente impossível a quebra da criptografia. A chave pode ter um prazo de validade ou jamais expirar:

```
Por favor especifique por quanto tempo a chave deve ser válida.
         0 = chave não expira
      <n>  = chave expira em n dias
      <n>w = chave expira em n semanas
      <n>m = chave expira em n meses
      <n>y = chave expira em n anos
A chave é valida por? (0)
```

Normalmente não é necessário definir um prazo de validade, salvo quando é criada uma chave para alguma necessidade específica.

Nas etapas finais será necessário informar alguns dados pessoais – nome, email e descrição – e a *passphrase*, que é a senha com a qual as chaves serão geradas.

A configuração do GnuPG para o usuário e suas chaves ficam no diretório `~/.gnupg/`. Para listar as chaves presentes, é usado o comando `gpg --list-keys`:

```
pub   1024D/F44AD97E 2009-05-20
uid                  Luciano Siqueira (lsiqueira) <lsiqueira@linuxnewmedia.com.br>
sub   4096g/8E19790C 2009-05-20
```

O código F44AD97E na linha pub é a identificação da chave. Essa informação será usada para identificá-la quando existe mais de uma chave no arquivo de chaveiro `~/.gnupg/pubring.gpg`.

Exportar uma chave

Para que outra pessoa possa verificar os dados assinados, será necessário que tenha acesso à chave pública do usuário em questão. Por isso a chave pública deve ser exportada, o que é feito com o comando `gpg --export`:

```
$ gpg --output lsiqueira.gpg --export lsiqueira
```

A opção `--output` indica o arquivo em que a chave pública será gravada. O argumento da opção `--export` determina qual chave pública deve ser exportada. Para a identificação da chave pode ser usado qualquer campo das informações pessoais informadas na criação da chave.

A chave exportada estará no formato binário. Para gerar uma chave como texto, útil para enviar no corpo de emails, basta acrescentar a opção `--armor`:

```
$ gpg --armor --output lsiqueira.gpg.asc --export lsiqueira
```

Apesar de a chave pública exportada poder ser enviada diretamente para quem dela fará uso, é mais cômodo exportá-la para um servidor de chaves, de forma que qualquer pessoa de posse da identificação da chave poderá copiá-la diretamente do servidor. A exportação para um servidor remoto é feita com a opção `--send-keys`:

```
$ gpg --send-keys F44AD97E
gpg: sending key F44AD97E to hkp server keys.gnupg.net
```

O argumento `F44AD97E` é a identificação da chave. Foi utilizado o servidor de chaves `keys.gnupg.net`, que é o servidor padrão do GnuPG. O servidor de chaves é especificado no arquivo `~/.gnupg/gpg.conf`. Para alterar o servidor, edite a entrada `keyserver` nesse arquivo.

Revogar uma chave

Caso a chave privada tenha sido comprometida (tenha sido copiada por terceiros, por exemplo), é possível gerar uma chave de revogação. Essa chave de revogação, uma vez enviada para o servidor de chaves, garantirá a invalidação da chave comprometida.

Para fazer a revogação, gere uma chave com o comando `gpg --gen-revoke`, indicando a identificação da chave:

```
$ gpg --gen-revoke F44AD97E
```

Após escolher o motivo da revogação, a chave será gerada:

```
-----BEGIN PGP PUBLIC KEY BLOCK-----
Version: GnuPG v1.4.12 (GNU/Linux)
Comment: A revocation certificate should follow

iGEEIBEIAAkFAk+nlmcCHQMACgkQo3Z81iP9glRsYAEAr2tQ30D7cuHuv1RDKzIk
DlzB/EH8ZLzE/o9WjN4qUIwBAJQzgUgVOFVqnbcG/HvaIr50dspwv1mmHgfVmWXK
u52B
=Dxht
-----END PGP PUBLIC KEY BLOCK-----
```

Este conteúdo deve ser salvo num arquivo. Assim que a importação da revogação for realizada, a chave provada estará revogada:

```
$ gpg --import chave_revogada.txt
```

Se a chave privada estava hospedada remotamente, basta repetir o envio para revogar a chave no servidor de chaves:

```
$ gpg --send-keys
```

Depois de revogada, uma chave não poderá ser revalidada.

Importar uma chave

Antes de verificar a autenticidade de determinado arquivo é necessário importar sua respectiva chave. A importação de chave a partir de uma arquivo é feita com a opção `--import`:

```
$ gpg --import phess.gpg
gpg: key 8A98A584: public key "Pablo Nehab Hess (phess) <phess@linuxnewmedia.
↳com.br>" imported
gpg: Número total processado: 1
gpg:               importados: 1
gpg: 3 marginal(s) needed, 1 complete(s) needed, PGP trust model
gpg: depth: 0  valid:   2  signed:   0  trust: 0-, 0q, 0n, 0m, 0f, 2u
```

Também é possível importar a chave diretamente de um servidor de chaves, caso a chave pública em questão esteja presente no servidor configurado no arquivo `~/.gnupg/gpg.conf`:

```
$ gpg --recv-keys 8A98A584
gpg: requesting key 8A98A584 from hkp server keys.gnupg.net
gpg: key 8A98A584: public key "Pablo Nehab Hess (phess) <phess@linuxnewmedia.
↳com.br>" imported
gpg: 3 marginal(s) needed, 1 complete(s) needed, PGP trust model
gpg: depth: 0  valid:   2  signed:   0  trust: 0-, 0q, 0n, 0m, 0f, 2u
gpg: Número total processado: 1
gpg:               importados: 1
```

A opção `--recv-keys` recebe como argumento a identificação da chave a ser importada. Realizada a importação, a chave ficará armazenada no chaveiro `~/.gnupg/pubring.gpg`:

```
$ gpg --list-keys
/home/luciano/.gnupg/pubring.gpg
--------------------------------
pub   1024D/F44AD97E 2009-05-20
uid                  Luciano Siqueira (lsiqueira) <lsiqueira@linuxnewmedia.com.br>
sub   4096g/8E19790C 2009-05-20

pub   1024D/8A98A584 2008-01-29 [expires: 2018-01-26]
uid                  Pablo Nehab Hess (phess) <phess@linuxnewmedia.com.br>
sub   4096g/F503C92B 2008-01-29 [expires: 2018-01-26]
```

Após importada, uma chave pública deve ser assinada, de modo a garantir sua autenticidade:

```
$ gpg --sign-key 8A98A584
```

Este não é um procedimento obrigatório, mas não fazê-lo causará a exibição de uma mensagem de alerta toda vez que a chave em questão for utilizada. É recomendável enviar a chave assinada de volta para o servidor. A chave pública ganha mais credibilidade na medida em que mais usuários a assinam e devolvem ao servidor.

Assinando um arquivo

A forma mais comum de utilizar o GnuPG é assinar o arquivo. Semelhante a uma assinatura tradicional, o usuário que receber um documento assinado pelo GnuPG poderá certificar-se sobre a identidade do autor.

Qualquer tipo de arquivo pode ser assinado pelo comando gpg, com a opção `--sign`:

```
$ gpg --output documento.txt.gpg --sign documento.txt
```

Esse comando assinará o arquivo `documento.txt` e criará a cópia assinada no arquivo `documento.txt.gpg`. Este arquivo poderá ser enviado para outra pessoa que, de posse da chave pública do autor da assinatura, poderá certificar-se da autoria do arquivo utilizando a opção `--decrypt` :

```
$ gpg --output documento.txt --decrypt documento.txt.gpg
```

Será criado o arquivo `documento.txt` a partir do arquivo assinado `documento.txt.gpg`. Se o arquivo corresponder à assinatura do autor, será exibida a mensagem de sucesso:

```
gpg: Assinatura feita Qua 20 Mai 2009 15:50:55 BRT usando DSA chave ID 8A98A584
gpg: checando o trustdb
gpg: 3 parcial(is) necessária(s), 1 completa(s) necessária(s), modelo de confiança PGP
gpg: profundidade: 0 válidas:  1 assinadas:  3 confiança: 0-, 0q, 0n, 0m, 0f, 1u
gpg: profundidade: 1 válidas:  3 assinadas:  0 confiança: 3-, 0q, 0n, 0m, 0f, 0u
gpg: próxima checagem de banco de dados de confiabilidade em 2018-01-26
gpg: Assinatura correta de "Pablo Nehab Hess (phess) <phess@linuxnewmedia.com.br>"
```

Mesmo que a assinatura não seja autêntica, o arquivo será extraído e poderá ser lido. Apenas será informado que a assinatura não é válida. Já para proteger o conteúdo de um arquivo contra abertura não autorizada, este deve ser criptografado.

Criptografando um arquivo

A proteção criptográfica do conteúdo de um arquivo é feita utilizando a chave pública de quem receberá o arquivo. Dessa forma, somente o próprio destinatário – de posse de sua chave secreta – será capaz de descriptografar. A opção para criptografar um arquivo é `--encrypt`. A opção `--recipient` indica de qual usuário será usada a chave pública:

```
$ gpg --output documento.txt.gpg --encrypt --recipient phess documento.txt
```

Para a opção `--recipient` pode ser indicado qualquer campo de identificação da chave pública desejada. O resultado do comando mostrado será a criação do arquivo criptografado `documento.txt.gpg` a partir do arquivo `documento.txt`, arquivo que poderá ser aberto exclusivamente pelo dono da chave pública – que consequentemente possui a chave secreta. Já no destino, a opção `--decrypt` é utilizada para extrair o arquivo criptografado:

```
$ gpg --output documento.txt --decrypt documento.txt.gpg
```

Será feita a verificação de correspondência entre o arquivo criptografado com a chave pública e a chave secreta local. Se a verificação for bem sucedida, bastará ao usuário fornecer sua passphrase e terá criado o arquivo com conteúdo descriptografado.

Exercícios

Questões Tópico 110

1. Qual comando um usuário comum pode utilizar para realizar tarefas reservadas ao usuário root?
   a. *sudo*
   b. *export*
   c. *root*
   d. *exec*

2. O comando *ulimit* pode ser usado para limitar
   a. o número de contas de usuário.
   b. os recursos disponíveis a um usuário.
   c. a quantidade de memória RAM do sistema.
   d. o número de conexões UDP.

3. Uma das principais finalidades do comando _______ é identificar as portas abertas na máquina local ou em uma máquina remota.

4. A finalidade do comando lsof -i :5432 é
   a. exibir uma sequência retroativa de números.
   b. localizar um arquivo cujo UID é 5432.
   c. verificar se a porta 5432 está aberta.
   d. exibir detalhes sobre o processo utilizando a porta 5432.

5. Como um serviço controlado pelo inetd pode ser desativado em seu arquivo de configuração?
   a. Desinstalando o inetd.
   b. Alternando para nível de execução 1.
   c. Comentando com # a linha correspondente ao serviço.
   d. Definindo a instrução disable = yes para o serviço.

6. Quando um endereço IP corresponde a uma regra definida tanto no arquivo /etc/hosts.allow quanto em /etc/hosts.deny, qual será o comportamento para novas conexões vindas desse endereço?
   a. A conexão é liberada, pois o bloqueio é definido para serviços específicos.
   b. A conexão é liberada, pois a primeira consulta é feita em /etc/hosts.allow e prevalece.
   c. A conexão é bloqueada, pois a primeira consulta é feita em /etc/hosts.deny e prevalece.
   d. A conexão é bloqueada, pois o bloqueio é feito usando o nome da máquina.

7. O comando usado para gerar chaves pessoais no formato RSA para o SSH é:
   a. ssh -t rsa
   b. ssh-keygen -t rsa
   c. keygen -t rsa | ssh
   d. ssh -genkey -t rsa

8. O programa ssh-add tem a finalidade de
   a. Incluir a autorização da chave privada no chaveiro ssh-agent.
   b. Definir as variáveis mostradas pelo ssh-agent.
   c. Permitir que outros usuários utilizem o ssh-agent.
   d. Incluir uma chave pública no chaveiro pessoal.

9. Na pasta ~/.ssh/, qual arquivo armazena as chaves públicas dos usuários que poderão entrar por SSH sem precisar de senha?

10. Qual opção do gpg é usada para importar uma chave pública diretamente de um servidor de chaves?
   a. --import
   b. --get-key
   c. --recv-keys
   d. --receive-keys

Apêndices

Visão geral das mudanças nos exames para certificação LPIC nível 1

A nova revisão dos objetivos para as provas LPIC nível 1, válida a partir de abril de 2009, levou as provas para a versão 3.0. Essa é a segunda revisão completa dos objetivos, que padroniza a versão para o mundo todo. No âmbito geral, o LPI antecipou o ciclo de cinco anos para revisões completas. Por volta de cada dois anos e meio, os objetivos serão modificados para refletir as possíveis mudanças do Linux. A próxima versão do LPIC-1 será a 3.5 e refletirá essa revisão parcial.

Além dessas revisões principais, haverão adendos incluídos numa média trimestral, com o intuito de esclarecer pontos e detalhes dos exames. Esses adendos não alteram a versão da prova, pois têm apenas o intuito de esclarecer a cobertura da prova para organizadores de cursos e livros.

Os novos pesos

O peso total de cada prova foi estabelecido em 60. Isso significa que, salvo em provas com perguntas "beta" para fins de desenvolvimento do exame, cada prova terá exatamente 60 questões. Portanto, a indicação de peso 3 em um determinado objetivo indica que haverão três questões sobre o tema na prova (exceto, novamente, no caso de haver questões beta para fins de desenvolvimento dos exames).

Numeração dos objetivos

A numeração dos objetivos é passível de dúvida em função de sua falta de linearidade. Por isso, os prefixos *1.* e *2.* foram descartados nessa revisão. Em todos os momentos em que numerações como *1.xxx.y* ou *2.xxx.y* aparecem, o fazem para citar os objetivos antigos.

Redução de conteúdo duplicado

Em versões anteriores dos objetivos da certificação LPI, alguns tópicos eram abordados tanto nos exames do nível 1 quanto nos exames do nível 2. Em alguns casos, o mesmo conteúdo aparecia em diferentes provas dentro do mesmo nível de certificação. A atualização dos objetivos buscou reduzir as ocorrências de conteúdo duplicado em diferentes provas ou objetivos.

Contudo, algumas tecnologias – como DNS – são importantes nos dois níveis de certificação e estão distribuídos nos locais apropriados. Por exemplo, na certificação nível 1, a abordagem sobre o DNS está restrita à configuração do cliente do serviço.

Na certificação nível 2, a abordagem passa para configuração e segurança de servidores DNS.

Versões de programas

Quando apropriado, as versões específicas de programas são mostradas nos objetivos. Por exemplo, a abordagem do Kernel 2.4 foi descartada para priorizar a versão 2.6. As questões relacionadas ao ReiserFS limitam-se à versão 3 do sistema de arquivos e o servidor Bind 8.x não é mais abordado na prova.

Alterações de conteúdo

A maioria dos serviços de rede e demais tarefas administrativas foram movidas para a certificação nível 2. O foco da certificação nível 1 foi mais direcionado para o uso e administração de um sistema Linux local. Por exemplo, para obter a certificação nível 1 ainda é necessário saber lidar com a configuração do NTP e Syslog.

Manuseio de base de dados SQL

Dados armazenados em bases SQL tornaram-se muito relevantes na medida que esses bancos de dados ficaram mais fáceis de administrar e interagir. Para esse novo objetivo, é necessário saber ler, incluir, atualizar e apagar dados a partir do banco. Nenhum banco de dados específico é abordado, apenas o padrão de instruções SQL.

Acessibilidade

A nova versão da prova de certificação nível 1 introduz a necessidade de preocupação com questões de acessibilidade, programas e tecnologias assistivas.

Localização e internacionalização

Questões que envolvem outros idiomas além do inglês são abordados. Inclui configuração de fuso horário, codificações de caracteres relevantes e configuração de ambiente relacionadas.

Criptografia de dados

A utilização do ssh como ferramenta de segurança para o usuário final ganhou mais relevância. Além disso, também é abordada a utilização do GPG (GnuPG).

Objetivos detalhados para a prova 101

Primeira prova para a certificação LPI nível 1.

Sobre os pesos

O peso total da prova foi estabelecido em 60. Isso significa que, salvo em provas com perguntas "beta" para fins de desenvolvimento do exame, cada prova terá exatamente 60 questões. Portanto, a indicação de peso 3 em um determinado objetivo indica que haverão três questões sobre o tema na prova (exceto, novamente, no caso de haver questões beta para fins de desenvolvimento dos exames).

Tópico 101: Arquitetura de Sistema

101.1 Identificar e editar configurações de hardware

Peso 2

Os candidatos devem ser capazes de realizar configurações básicas de hardware.

Conhecimentos chave

- Ativar e desativar periféricos integrados;
- Configuração de sistemas para iniciarem sem periféricos externos, como teclados;
- Saber as diferenças entre os vários dispositivos de armazenamento;
- Conhecer a diferença entre dispositivos *coldplug* e *hotplug*;
- Identificar os recursos de hardware de um dispositivo;
- Ferramentas para mostrar diversas informações de hardware (*lsusb*, *lspci* etc);
- Ferramentas para manipular dispositivos USB;
- Conhecimento conceitual sobre *sysfs*, *udev*, *dbus*.

Lista parcial de arquivos, termos e ferramentas abordadas

- /sys
- /proc
- /dev
- modprobe
- lsmod
- lspci
- lsusb

101.2 Início (boot) do sistema

Peso 3

Os candidatos devem ser capazes de interagir com o processo de boot.

Conhecimentos chave

- Fornecer comandos para o carregador de boot e para o kernel durante o boot;
- Mostrar conhecimentos sobre a sequência de boot, das mensagens de BIOS até o término da inicialização;
- Verificar os eventos de boot nos arquivos de log.
- Entendimento do SysVinit e systemd
- Noções do Upstart

Lista parcial de arquivos, termos e ferramentas abordadas

- dmesg
- BIOS
- bootloader
- kernel
- init
- initramfs
- SysVinit
- systemd

101.3 Alternar runlevels, desligar e reiniciar o sistema

Peso 3

Os candidatos devem ser capazes de administrar o nível de execução do SysVinit e os alvos de boot do systemd. Este objetivo inclui alternar para o modo *single user* (usuário único), desligar ou reiniciar o sistema. Também devem ser capazes de alertar aos usuários antes de mudar o nível de execução e finalizar corretamente os processos. Inclui ainda definir o nível de execução padrão do SysVinit ou o alvo de boot do systemd. Também inclui noção do Upstart como alternativa ao SysVinit e ao systemd

Conhecimentos chave

- Definir o nível de execução ou alvo de boot; padrão;
- Alternar entre os níveis de execução ou alvo de boot, incluindo o modo single user;
- Desligar e reiniciar usando a linha de comando;
- Alertar aos usuários antes de mudar o nível de execução ou alvo de boot; ou outro evento importante no sistema;
- Finalizar corretamente os processos.

Lista parcial de arquivos, termos e ferramentas abordadas

- /etc/inittab
- shutdown
- init
- /etc/init.d
- telinit
- systemd
- systemctl
- /etc/systemd/
- /usr/lib/systemd/
- wall

Tópico 102: Instalação do Linux & Administração de Pacotes

102.1 Dimensionar as partições de disco

Peso 2

Os candidatos devem ser capazes de elaborar um esquema de particionamento de disco para um sistema Linux.

Conhecimentos chave

- Alocar sistemas de arquivos e espaço de swap em partições ou discos distintos;
- Ajustar o esquema de partições para a finalidade do sistema;
- Assegurar que a partição */boot* esteja adequada à arquitetura e que o sistema seja capaz de iniciar.
- Conhecimento das características básicas do LVM.

Lista parcial de arquivos, termos e ferramentas abordadas

- sistema de arquivos / (raiz)
- sistema de arquivos /var
- sistema de arquivos /home
- espaço de swap
- pontos de montagem
- partições
- sistema de arquivos /boot

102.2 Instalar o gerenciador de inicialização

Peso 2

Os candidatos devem ser capazes de escolher, instalar e configurar um gerenciador de boot.

Conhecimentos chave

- Construir locais alternativos de boot e fazer becape das opções;

- Instalar e configurar um carregador de boot, como o GRUB Legacy e o GRUB 2
- Interagir com o carregador de boot

Lista parcial de arquivos, termos e ferramentas abordadas

- menu.lst, grub.cfg e grub.conf
- grub-install
- MBR
- grub-mkconfig

102.3 Controle das bibliotecas compartilhadas

Peso 1

Os candidatos devem ser capazes de identificar as bibliotecas compartilhadas das quais os programas dependem e instalá-las quando necessário.

Conhecimentos chave

- Identificar bibliotecas compartilhadas;
- Identificar as localizações típicas de bibliotecas compartilhadas no sistema;
- Carregar bibliotecas compartilhadas.

Lista parcial de arquivos, termos e ferramentas abordadas

- ldd
- ldconfig
- /etc/ld.so.conf
- LD_LIBRARY_PATH

102.4 Utilização do sistema de pacotes Debian

Peso 3

Os candidatos devem ser capazes de realizar gerenciamento de pacotes utilizando as ferramentas de pacotes do Debian.

Conhecimentos chave

- Instalar, atualizar e desinstalar pacotes binários do Debian;
- Encontrar pacotes contendo arquivos ou bibliotecas específicas, instalados ou não;
- Obter informações sobre o pacote, como versão, conteúdo, dependências, integridade de pacote e status de instalação (se os pacotes estão ou não instalados).

Lista parcial de arquivos, termos e ferramentas abordadas

- /etc/apt/sources.list
- dpkg
- dpkg-reconfigure
- apt-get
- apt-cache
- aptitude

102.5 Utilização do sistema de pacotes RPM e YUM

Peso 3

Os candidatos devem ser capazes de gerenciar pacotes com as ferramentas do RPM e YUM.

Conhecimentos chave

- Instalar, reinstalar, atualizar e remover pacotes usando RPM e YUM;
- Obter informações sobre pacotes RPM como versão, status, dependências, integridade e assinaturas;
- Determinar quais arquivos são fornecidos por um pacote, bem como descobrir a qual pacote determinado arquivo pertence.

Lista parcial de arquivos, termos e ferramentas abordadas

- rpm
- rpm2cpio
- /etc/yum.conf
- /etc/yum.repos.d/
- yum
- yumdownloader

Tópico 103: Comandos GNU e Unix

103.1 Trabalhar com a linha de comando

Peso 4

Os candidatos devem ser capazes de interagir com shells e comandos usando o terminal. O objetivo supõe a utilização do shell bash.

Conhecimentos chave

- Utilizar comandos simples e sequências de comandos no terminal;
- Utilizar e modificar o ambiente de shell, incluindo a definição, referência e exportação de variáveis de ambiente;
- Utilizar e editar o histórico de comandos;
- Executar comandos localizados dentro e fora do caminho definido pela variável PATH.

Lista parcial de arquivos, termos e ferramentas abordadas

- bash
- echo
- env
- export
- pwd
- set
- unset
- man
- uname
- history
- .bash_history

103.2 Processar fluxos de texto com o uso de filtros

Peso 3

Os candidatos devem ser capazes de utilizar filtros em fluxos de texto.

Conhecimentos chave

Enviar arquivos e fluxos de saída, com o uso de filtros, para modificar o resultado utilizando os comandos padrão do UNIX, encontrados no pacote GNU textutils.

Lista parcial de arquivos, termos e ferramentas abordadas

- cat
- cut
- expand
- fmt
- head
- od
- join

- nl
- paste
- less
- pr
- sed
- sort
- split
- tail
- tr
- unexpand
- uniq
- wc

103.3 Gerenciamento básico de arquivos

Peso 4

Os candidatos devem ser capazes de utilizar os comandos básicos Linux para manipular arquivos e diretórios.

Conhecimentos chave

- Copiar, mover e remover arquivos e diretórios individualmente;
- Copiar arquivos e diretórios recursivamente;
- Remover arquivos e diretórios recursivamente;
- Utilizar caracteres curinga simples e avançados nos comandos;
- Utilizar o *find* para localizar arquivos baseados no tipo, tamanho ou tempo e agir sobre o resultado;
- Uso do *tar*, *cpio* e *dd*.

Lista parcial de arquivos, termos e ferramentas abordadas

- cp
- find
- mkdir
- mv
- ls
- rm
- rmdir
- touch
- tar
- cpio

- dd
- file
- gzip
- gunzip
- bzip2
- xz
- Englobamento de arquivos

103.4 Fluxos, pipes (canalização) e redirecionamento de saída

Peso 4

Os candidatos devem ser capazes de redirecionar fluxos e canalizá-los para processar dados de texto. Inclui redirecionar à entrada padrão, à saída-padrão e à saída de erro padrão, canalizar a saída de um comando para a entrada de um outro comando, utilizar a saída de um comando como argumento para outro comando e enviar a saída para *stdout* (saída padrão) ou para um arquivo.

Conhecimentos chave

- Redirecionamento de entrada-padrão, saída-padrão e erro padrão;
- Canalizar a saída de um comando para a entrada de um outro comando utilizando *pipes*;
- Utilizar a saída de um comando como argumento para outro comando;
- Enviar a saída para *stdout* e para um arquivo.

Lista parcial de arquivos, termos e ferramentas abordadas

- tee
- xargs

103.5 Criar, monitorar e finalizar processos

Peso 4

Os candidatos devem ser capazes de realizar o controle básico de processos.

Conhecimentos chave

- Rodar tarefas em primeiro e segundo plano;
- Fazer um programa permanecer ativo após o *logout*;
- Monitorar processos ativos;

- Selecionar e classificar processos vinculados a um *display*;
- Enviar sinais para processos.

Lista parcial de arquivos, termos e ferramentas abordadas

- &
- bg
- fg
- jobs
- kill
- nohup
- ps
- top
- free
- uptime
- killall
- pgrep
- pkill
- screen

103.6 Modificar a prioridade de execução de um processo

Peso 2

Os candidatos devem ser capazes de administrar prioridades de processos em execução.

Conhecimentos chave

- Conhecer a prioridade padrão de processos iniciados;
- Executar um programa com prioridade maior ou menor que a padrão;
- Modificar a prioridade de um processo em execução.

Lista parcial de arquivos, termos e ferramentas abordadas

- nice
- ps
- renice
- top

103.7 Procurar em arquivos de texto, usando expressões regulares

Peso 2

Os candidatos devem ser capazes de manipular arquivos e textos utilizando expressões regulares. Este objetivo inclui criar expressões regulares simples, contendo diversos padrões. Inclui ainda utilizar ferramentas de expressão regular para realizar buscas em um sistema de arquivos ou no conteúdo de um arquivo.

Conhecimentos chave

- Criar expressões regulares simples, contendo diversos padrões;
- Utilizar ferramentas de expressão regular para realizar buscas em um sistema de arquivos ou no conteúdo de um arquivo.

Lista parcial de arquivos, termos e ferramentas abordadas

- grep
- egrep
- fgrep
- sed
- regex(7)

103.8 Edição básica de arquivos com o vi

Peso 3

Os candidatos devem ser capazes de editar arquivos de texto, utilizando vi. Este objetivo inclui navegação no vi, modos de execução básicos do vi, inserir, editar, apagar, copiar e encontrar texto.

Conhecimentos chave

- Navegar em um documento utilizando vi;
- Utilizar modos de execução básicos do vi;
- Inserir, editar, apagar, copiar e encontrar texto.

Lista parcial de arquivos, termos e ferramentas abordadas

- vi
- /, ?
- h,j,k,l
- i, o, a
- c, d, p, y, dd, yy
- ZZ, :w!, :q!, :e!

Tópico 104: Dispositivos, sistemas de arquivos Linux e padrão FHS – Filesystem Hierarchy Standard

104.1 Criar partições e sistemas de arquivos

Peso 2

Os candidatos devem ser capazes de criar partições de disco e sistemas de arquivo em dispositivos como discos rígidos. Inclui a manipulação de partições swap.

Conhecimentos chave

Utilizar os vários comandos *mkfs* para configurar as partições e criar diversos sistemas de arquivos como ext2/ext3/ext4, XFS e VFAT.

Noções de ReiserFS e Btrfs.
Conhecimento básico do gdisk, parted e GPT.

Lista parcial de arquivos, termos e ferramentas abordadas

- fdisk
- mkfs
- mkswap
- gdisk
- parted

104.2 Manutenção da integridade de sistemas de arquivos

Peso 2

Os candidatos devem ser capazes de fazer a manutenção de um sistema de arquivo comum, bem como os dados adicionais associados com um sistema de arquivo *journalling*.

Conhecimentos chave

- Verificar a integridade dos sistemas de arquivo;

- Monitorar espaço e inodes livres;
- Reparar problemas simples no sistema de arquivos.

Lista parcial de arquivos, termos e ferramentas abordadas

- du
- df
- fsck
- e2fsck
- mke2fs
- debugfs
- dumpe2fs
- tune2fs
- Exec

104.3 Controle da montagem e desmontagem de sistemas de arquivos

Peso 3

Os candidatos devem ser capazes de configurar a montagem de sistemas de arquivos.

Conhecimentos chave

- Montar e desmontar manualmente sistemas de arquivos;
- Configurar a montagem de sistemas de arquivos na inicialização;
- Configurar a montagem por usuários de dispositivos externos.

Lista parcial de arquivos, termos e ferramentas abordadas

- /etc/fstab
- /media
- mount
- umount

104.4 Administrar cotas de disco

Peso 1

Os candidatos devem ser capazes de administrar cotas de disco para os usuários.

Conhecimentos chave

- Configurar cota de disco para um sistema de arquivos;
- Editar, controlar e criar relatórios de cotas de usuários.

Lista parcial de arquivos, termos e ferramentas abordadas

- quota
- edquota
- repquota
- quotaon

104.5 Controlar permissões e propriedade de arquivos

Peso 3

Os candidatos devem ser capazes de controlar o acesso a arquivos pelo uso apropriado das permissões e propriedades.

Conhecimentos chave

- Definir permissões para arquivos comuns, especiais e diretórios;
- Permissões de acesso como *suid*, *sgid* e o *sticky bit* para fortalecer a segurança;
- Saber como mudar a máscara de criação de arquivos;
- Utilizar o campo de grupo para permitir o acesso aos membros de um grupo.

Lista parcial de arquivos, termos e ferramentas abordadas

- chmod
- umask
- chown
- chgrp

104.6 Criar e alterar links simbólicos e hardlinks

Peso 2

Os candidatos devem ser capazes de criar e operar links simbólicos e *hardlinks*.

Conhecimentos chave

- Criar links;
- Identificar links físicos e/ou simbólicos;
- Diferenças entre copiar e "linkar" arquivos;
- Utilizar links para finalidades administrativas de sistema.

Lista parcial de arquivos, termos e ferramentas abordadas

- ln
- ls

104.7 Encontrar arquivos de sistema e conhecer sua localização correta

Peso 2

Os candidatos devem ser capazes de entender bem o FHS – Filesystem Hierarchy Standard (Hierarquia Padrão de Sistema de arquivos), as localizações típicas de arquivos e as classificações de diretórios.

Conhecimentos chave

- Entender a localização correta dos arquivos no FHS;
- Encontrar arquivos e comandos num sistema Linux;
- Conhecer a localização e o propósito dos arquivos e diretórios importantes como definidos no FHS.

Lista parcial de arquivos, termos e ferramentas abordadas

- find
- locate
- updatedb
- whereis
- which
- type
- /etc/updatedb.conf

Objetivos detalhados para a prova 102

Segunda prova para a certificação LPI nível 1

Sobre os pesos

O peso total da prova foi estabelecido em 60. Isso significa que, salvo em provas com perguntas "beta" para fins de desenvolvimento do exame, cada prova terá exatamente 60 questões. Portanto, a indicação de peso 3 em um determinado objetivo indica que haverá três questões sobre o tema na prova (exceto, novamente, no caso de existir questões beta para fins de desenvolvimento dos exames).

Tópico 105: Shells, scripts e administração de dados

105.1 Personalizar e trabalhar no ambiente Shell

Peso 4

Os candidatos devem ser capazes de configurar o ambiente de shell para satisfazer as necessidade dos usuários. Também devem saber alterar perfis gerais e específicos de usuários.

Conhecimentos chave

- Criação de variáveis de ambiente (como *PATH*) no login ou quando um novo shell é disparado;
- Escrever funções BASH para sequencias de comandos utilizadas frequentemente;
- Manter um esquema de diretórios para novas contas de usuário;
- Definir o caminho de busca de comandos com o diretórios apropriado.

Lista parcial de arquivos, termos e ferramentas abordadas

- /etc/profile
- env
- export
- set
- unset
- ~/.bash_profile
- ~/.bash_login
- ~/.profile
- ~/.bashrc
- ~/.bash_logout
- function
- alias
- lists
- .
- source
- etc/bash.bashrc

105.2 Editar e escrever scripts simples

Peso 4

Os candidatos devem ser capazes de editar scripts existentes e escrever simples scripts BASH.

Conhecimentos chave

- Uso sintaxe sh padrão, como laços (loops) e testes;
- Utilizar substituição de comando;
- Verificar se a reposta produzida por um comando corresponde a sucesso ou falha e analisar outras respostas de comandos;
- Selecionar corretamente o interpretador pelo uso do shebang (#!);
- Administrar a localização, propriedade, direito de execução e permissão suid.

Lista parcial de arquivos, termos e ferramentas abordadas

- for
- while
- test
- if
- read
- chmod
- seq
- exec

105.3 Administração de dados SQL

Peso 2

Os candidatos devem ser capazes de consultar bancos de dados e manipular informações utilizando comandos SQL básicos. Este objetivo inclui a realização de consultas que compreendam a união de duas tabelas e/ou subconjuntos.

Conhecimentos chave

- Uso de comandos SQL básicos;
- Manipulação básica de dados.

Lista parcial de arquivos, termos e ferramentas abordadas

- insert
- update
- select
- delete
- from
- where
- group by
- order by
- join

Tópico 106: Interfaces de usuário e Desktops

106.1 Instalar e configurar o X11

Peso 2

Os candidatos devem saber instalar e configurar o X11.

Conhecimentos chave

- Verificar se o servidor X suporta a placa de vídeo e o monitor;
- Conhecimento sobre o servidor de fontes do X;
- Conhecimento básico do arquivo de configuração X.

Lista parcial de arquivos, termos e ferramentas abordadas

- /etc/X11/xorg.conf
- xhost
- DISPLAY
- xwininfo
- xdpyinfo
- X

106.2 Configurar o gerenciador de login gráfico

Peso 1

Os candidatos devem ser capazes de configurar e adaptar um ambiente gráfico. Este objetivo contempla os gerenciadores XDM (X Display Manager), GDM (Gnome Display Manager) e KDM (KDE Display Manager).

Conhecimentos chave

- Ativar ou desativar o login gráfico;
- Alterar a saudação do login gráfico;
- Configuração básica do lighDM
- Noções do XDM, KDM e GDM

Lista parcial de arquivos, termos e ferramentas abordadas

- lightdm
- /etc/lightdm

106.3 Acessibilidade

Peso 1

Os candidatos devem demonstrar conhecimento e preocupação acerca de tecnologias de acessibilidade.

Conhecimentos chave

- Configurações de acessibilidade de teclado (AccessX);
- Temas e configurações visuais;
- Tecnologias assistivas (TAs).

Lista parcial de arquivos, termos e ferramentas abordadas

- Segurar/Repetir teclas;
- Desacelerar/inverter/trocar teclas;
- Teclas do mouse;
- Temas de desktop de alto contraste e tamanho;
- Leitor de tela;
- Mostrador Braille;
- Ampliador de tela;
- Teclado em tela;
- Gestos (usados no login, no gdm por exemplo);
- Orca;
- GOK;
- emacspeak.

Tópico 107: Tarefas administrativas

107.1 Administrar contas de usuário, grupos e arquivos de sistema relacionados

Peso 5

Os candidatos devem ser capazes de adicionar, remover, suspender e modificar contas de usuário.

Conhecimentos chave

- Adicionar, modificar e remover usuários e grupos;
- Manipular as informações do usuário/grupo nos registros de contas e grupos;
- Criar e administrar contas restritas e com finalidades específicas.

Lista parcial de arquivos, termos e ferramentas abordadas

- /etc/passwd
- /etc/shadow
- /etc/group
- /etc/skel
- chage
- groupadd
- groupdel
- groupmod
- passwd
- useradd
- userdel
- usermod

107.2 Automatizar e agendar tarefas administrativas de sistema

Peso 4

Os candidatos devem ser capazes de utilizar o *cron* ou *anacron* para executar trabalhos em intervalos regulares e usar o *at* para executar trabalhos em um momento específico.

Conhecimentos chave

- Controlar agendamentos *cron* e *at*;
- Configurar o acesso de usuários aos serviços *cron* e *at*.
- Configurar o anacron.

Lista parcial de arquivos, termos e ferramentas abordadas

- /etc/cron.{d,daily,hourly,monthly,weekly}
- /etc/at.deny
- /etc/at.allow
- /etc/crontab
- /etc/cron.allow
- /etc/cron.deny
- /var/spool/cron/*

- crontab
- at
- atq
- atrm
- anacron
- /etc/anacrontab

107.3 Localização e internacionalização

Peso 3

Os candidatos devem ser capazes de configurar um sistema para um idioma diferente do inglês. Também devem compreender o motivo da utilização de LANG=C em scripts.

Conhecimentos chave

- Configurações de localização;
- Configurações de fuso horário.

Lista parcial de arquivos, termos e ferramentas abordadas

- /etc/timezone
- /etc/localtime
- /usr/share/zoneinfo
- Variáveis de ambiente:
- LC_*
- LC_ALL
- LANG
- /usr/bin/locale
- tzselect
- tzconfig
- date
- iconv
- UTF-8
- ISO-8859
- ASCII
- Unicode

Tópico 108: Serviços essenciais do sistema

108.1 Manutenção de data e hora do sistema

Peso 3

Os candidatos devem ser capazes de fazer apropriadamente a manutenção de data e hora do sistema e sincronizar a hora via NTP.

Conhecimentos chave

- Definir a data e a hora do sistema;
- Definir a data e hora do hardware para a zona UTC correta;
- Configurar o fuso horário correto;
- Configuração básica do NTP;
- Saber como utilizar o serviço pool.ntp.org.
- Noções do comando ntpq.

Lista parcial de arquivos, termos e ferramentas abordadas

- /usr/share/zoneinfo
- /etc/timezone
- /etc/localtime
- /etc/ntp.conf
- date
- hwclock
- ntpd
- ntpdate
- pool.ntp.org

108.2 Configurar e recorrer a arquivos de log

Peso 3

Os candidatos devem ser capazes de configurar o *daemon syslog*. Este objetivo contempla a configuração do daemon de log para enviar a saída para um servidor central ou para receber logs de outras máquinas. Também aborda o journal do systemd. Noções do rsyslog rsyslog-ng também são exigidas.

Conhecimentos chave

- Arquivos de configuração do syslog;
- Configuração de logrotate;
- *Facilities*, *priorities* e *actions* padrão.
- Noções do rsyslog e syslog-ng.

Lista parcial de arquivos, termos e ferramentas abordadas

- syslog.conf
- syslogd
- klogd
- logger
- /var/log/
- logrotate
- /etc/logrotate.conf
- /etc/logrotate.d/
- journalcrl
- /etc/systemd/journald.conf
- /var/log/journal/

108.3 Fundamentos de MTA (Mail Transfer Agent)

Peso 3

Os candidatos devem conhecer os programas MTA mais comuns e ser capazes de realizar operações básicas como redirecionar e criar aliases. Demais arquivos de configuração não são abordados.

Conhecimentos chave

- Criar aliases de email;
- Configurar redirecionamento de email;
- Conhecimentos sobre os programas MTA mais comuns (postfix, sendmail, qmail, exim), exceto configuração.

Lista parcial de arquivos, termos e ferramentas abordadas

- ~/.forward
- Comandos na camada de emulação do sendmail
- newaliases
- mailq
- postfix
- sendmail
- exim
- qmail
- mail
- postfix

108.4 Configurar impressoras e impressão

Peso 2

Usando o CUPS e a interface de compatibilidade LPD, os candidatos devem ser capazes de administrar filas de impressão e as tarefas de impressão de usuários.

Conhecimentos chave

- Configuração básica do CUPS (para impressoras locais e remotas);
- Administrar fila de impressão de usuário;

- Resolução de problemas referentes à impressão;
- Incluir e excluir tarefas de impressão em filas configuradas.

Lista parcial de arquivos, termos e ferramentas abordadas

- Arquivos de configuração do CUPS, ferramentas e utilitários;
- /etc/cups;
- Interface legada lpd (lpr, lprm, lpq).

Tópico 109: Fundamentos de rede

109.1 Fundamentos dos protocolos de Internet

Peso 4

Os candidatos devem demonstrar conhecimento sólido sobre os fundamentos de redes TCP/IP.

Conhecimentos chave

- Entendimento sobre máscaras de rede;
- Diferenças entre endereços IP "dotted quad" privados e públicos;
- Definição de rota padrão;
- Conhecimento acerca de portas TCP e UDP comuns (20, 21, 22, 23, 25, 53, 80, 110, 119, 139, 143, 161, 443, 465, 993, 995);
- Saber as diferenças entre UDP, TCP e ICMP e suas características;
- Conhecer as diferenças principais entre IPv4 e IPv6.
- Conhecimento básico de IPv6

Lista parcial de arquivos, termos e ferramentas abordadas

- /etc/services
- IPv4, IPv6
- Subredes
- TCP, UDP, ICMP

109.2 Configuração básica de rede

Peso 4

Os candidatos devem ser capazes de identificar, modificar e verificar a configuração de rede nas máquinas clientes.

Conhecimentos chave

- Realizar configuração manual e automática de interfaces de rede;
- Configuração básica de TCP/IP.
- Definir uma rota padrão.

Lista parcial de arquivos, termos e ferramentas abordadas

- /etc/hostname
- /etc/hosts
- /etc/resolv.conf
- /etc/nsswitch.conf
- ifconfig
- ifup
- ifdown
- route]
- ip
- route
- ping

109.3 Soluções para problemas de rede simples

Peso 4

Os candidatos devem ser capazes de resolver problemas de rede nos hosts clientes.

Conhecimentos chave

- Configurar manual e automaticamente interfaces de rede e tabelas de rotas, inclusive incluir, iniciar, interromper, reiniciar, remover e reconfigurar interfaces de rede;
- Alterar, identificar e configurar a tabela de rotas e corrigir manualmente uma rota padrão definida incorretamente;
- Analisar problemas associados à configuração de rede.

Lista parcial de arquivos, termos e ferramentas abordadas

- ifconfig
- ifup
- ifdown
- route
- host
- hostname
- dig
- ip
- ping6
- traceroute6
- tracepath
- tracepath6

- netstat
- ping
- traceroute

109.4 Configurar DNS cliente

Peso 2

Os candidatos devem ser capazes de configurar o DNS no host do cliente.

Conhecimentos chave

- Utilização de DNS no sistema local;
- Alterar a ordem em que a resolução de nome ocorre.
- Consultar servidores DNS remotos

Lista parcial de arquivos, termos e ferramentas abordadas

- /etc/hosts
- /etc/resolv.conf
- /etc/nsswitch.conf
- host
- dig
- getent

Tópico 110: Segurança

110.1 Tarefas administrativas de segurança

Peso 3

Os candidatos devem saber examinar a configuração do sistema e garantir que estejam de acordo com as políticas locais de segurança.

Conhecimentos chave

- Localizar no sistema arquivos com o *suid/sgid bit* aplicado;
- Definir ou modificar senhas e validade de senha;
- Saber utilizar o *nmap* e *netstat* para descobrir portas abertas em um sistema;
- Definir limites em logins de usuários, processos e uso de memória;
- Utilização básica do *sudo*.
- Determinar quais usuários entraram no sistema e quais estão presentes.

Lista parcial de arquivos, termos e ferramentas abordadas

- find
- passwd
- lsof
- nmap

- chage
- netstat
- sudo
- /etc/sudoers
- su
- usermod
- ulimit
- fuser
- who, w, last

110.2 Segurança do host

Peso 3

Os candidatos devem saber como configurar minimamente a segurança básica do host.

Conhecimentos chave

- Conhecer o funcionamento de senhas *shadow*;
- Desligar os serviços de rede desnecessários;
- Entender a aplicação de TCP *wrappers*.

Lista parcial de arquivos, termos e ferramentas abordadas

- /etc/nologin
- /etc/passwd
- /etc/shadow
- /etc/xinetd.d/*
- /etc/xinetd.conf
- /etc/inet.d/*
- /etc/inetd.conf
- /etc/hosts.allow
- /etc/hosts.deny
- /etc/inittab
- /etc/init.d/

110.3 Proteção de dados com criptografia

Peso 3

Os candidatos devem saber como utilizar chaves públicas para proteger dados e comunicações.

Conhecimentos chave

- Configuração e uso básico do cliente OpenSSH 2;
- Entender a aplicação de chaves de servidor OpenSSH 2;
- Configuração e uso básico do GnuPG;
- Compreensão de túneis de porta por SSH (incluindo túneis X11).

Lista parcial de arquivos, termos e ferramentas abordadas

- ssh
- ssh-keygen
- ssh-agent
- ssh-add
- ~/.ssh/id_rsa e id_rsa.pub
- ~/.ssh/id_dsa e id_dsa.pub
- /etc/ssh/ssh_host_rsa_key e /etc/ssh/ssh_host_rsa_key.pub
- /etc/ssh/ssh_host_dsa_key e /etc/ssh/ssh_host_dsa_key.pub
- ~/.ssh/authorized_keys
- /etc/ssh_known_hosts
- gpg
- ~/.gnupg/*

Respostas

Tópico 101

1. B
2. C
3. A
4. D
5. /dev/hda2
6. B
7. A
8. runlevel
9. A e B
10. C

Tópico 102

1. D
2. B
3. C e D
4. C
5. A
6. ldd
7. /etc/ld.so.conf
8. C
9. A
10. A

Tópico 103

1. D
2. B
3. D
4. B
5. D
6. C
7. tee
8. B e D
9. D
10. D

Tópico 104

1. B
2. tune2fs -j /dev/sda3
3. swapon
4. fsck
5. D
6. B
7. D
8. D
9. C
10. find

Tópico 105

1. D
2. D
3. B
4. D
5. D
6. A
7. B
8. D
9. C
10. C

Tópico 106

1. B
2. D
3. A
4. D
5. C
6. xdm-config
7. A
8. Orca
9. A
10. GOK

Tópico 107

1. A e B
2. C
3. A, C e D
4. pwconv
5. chsh
6. A
7. vigr
8. */30 * * * * /usr/bin/backup.sh
9. A
10. D

Tópico 108

1. A
2. A
3. /etc/ntp.conf
4. ntpdate
5. B
6. logger
7. B
8. A
9. C
10. D

Tópico 109

1. D
2. A
3. D
4. B
5. A e D
6. route add default gw 192.168.1.250
7. dig
8. C
9. A
10. B

Tópico 110

1. A
2. B
3. nmap
4. D
5. C
6. B
7. B
8. A
9. authorized_keys
10. C

Impressão e acabamento:
Grupo Smart Printer
Soluções em impressão